Liebe Leserin, lieber Leser,

alle Jahre wieder wird eine „neue Toskana“ ausgerufen. Zunächst ging der Ehrentitel an die unbekanntere Nachbarregion Marken, dann nach Apulien und in die Basilikata, schließlich verließ der Wanderpokal sogar Italien: Mal ziert er den portugiesischen Alentejo oder das kroatische Istrien, mal die österreichische Wachau oder das heimische Markgräflerland, weil dort der Wein angeblich ebenso gut gedeiht und die Landschaft genauso lieblich sein soll.

Wir dagegen widmen uns dem Original – bereits zum neunten Mal – mit einem Extraheft. Denn die Toskana erscheint uns auch nach hunderten von Recherchereisen völlig konkurrenzlos, ganz gleich, wie oft sie von anderen totgeschrieben wurde. Auch wenn wir gelegentlich über die Preise für Hotels und Restaurants klagen – die harmonische Schönheit dieser Landschaft ist „Balsamico für die Seele“, wie es in unserer Werbung heißt. Ihre Bewohner haben sich trotz all der Liebhaber, die sich selbst im Winter durch die Gassen treiben lassen, ihre Ursprünglichkeit, Erdverbundenheit und ihre störrische Herzlichkeit bewahrt. Und ein Gebiet von größerem kulturellen Reichtum wird man kaum finden.

So hat unsere Hamburger Toskanafraktion wieder gekostet, getestet, gesucht – und geschwärmt. Die neuen Entdeckungen: Ein Festival von großem Rang im kleinen Cortona, bei dem Petra Reski Stars wie Cecilia Bartoli erlebt hat (s. Foto).

Star unter Sternen: die grandiose Mezzosopranistin Cecilia Bartoli beim Cortona-Festival (u.). Star am Herd: Marco Gubbiotti beeindruckt nicht nur Autorin Andrea Walter (3. v. l.)

Tobias Zick wandelte beim Bildhauer-Workshop in den Marmorbrüchen von Carrara auf Michelangelos Spuren, Andrea Walter hat einem Meisterkoch in die Töpfe geschaut (s. Foto). Unsere Florenz-Korrespondentin Christiane Büld Campetti interviewte Giuliano Gori, dem Italien eine der wichtigsten Sammlungen zeitgenössischer Kunst verdankt.

Wir haben Deutsche und Schweizer besucht, die sich ihren Traum vom eigenen Weingut im Süden erfüllten. Und mit 25 hervorragenden Shoppingadressen zeigen wir, dass man das Glück doch kaufen kann – zumindest als Mitbringsel zur Ferienverlängerung.

Viel Spaß beim Schauen, Lesen, Vorfreuen und Reisen, Ihre

KORNELIA DIETRICH
Geschäftsführende Redakteurin

ORT DER WEISSHEIT. Der Steinbruch bei Pietrasanta belieferte schon Michelangelo. Heute erproben auch Laien am Marmor ihre Schlagfertigkeit. *Seite 68*

STERN-STUNDE. Nur fürs Foto in die Knie. Sonst stellt sich der umbrische Koch Marco Gubbiotti mit Leidenschaft jeder Herausforderung. *Seite 28*

CORTONA. Die Piazza schön wie ein Bühnenbild der Renaissance, die Stadt erfüllt mit Musik. Das „Festival del Sole" bringt Stars der Klassik in die Toskana. *Seite 92*

FERIEN AUF DER FATTORIA. Ruhe, Natur und herzliche Gastgeber wie Isabella Pirelli im Agriturismo „Le Terre di Isa" (li.) machen Lust aufs Land. *Seite 58*

LANDSCHAFT VON FORMAT. Blühende Bäume, sanfte Hügel und San Gimignanos Silhouette am Horizont: Toskana-Panoramen im Breitbandformat. *Seite 16*

TOSKANA

FÜR GENIESSER 2008

DESIGN. Gemütliche Moderne: der „Rose Chair" von Massimo Morozzi. *Seite 103*

REZEPTE

TITEL: FABIO MUZZI FOTOGRAFIERTE DIE MORGENSTIMMUNG AM PODERE MONTEMORI SÜDLICH VON SIENA

Rosarote Stunde: Die Aromatherapie in den Thermen von Chianciano belebt den Geist mit Duft und Farbe, die Hydromassage im Pool den Körper

Neues aus der Toskana Wellness, Wein und Villen

TEXTE: ANNETTE RÜBESAMEN

ENERGIE FÜR ALLE SINNE

WELLNESS Körper, Geist und Seele ins energetische Gleichgewicht bringen – das will man in den Thermen von Chianciano mit vier neuen Behandlungspaketen erreichen. Je nachdem, ob der Besucher nach Entspannung oder Entgiftung, innerer Energie oder Harmonie strebt, absolviert er einen „Parcours der Sinne", auf dem Augen, Ohren, Geruchs-, Geschmacks- und Tastsinn stimuliert werden. Zu den Stationen gehören etwa die „Barfußwanderung im steinernen Flussbett", die etruskische Sauna, der„Ice Crush" zur Abkühlung, die Chakra-Farbtherapie oder der „Raum des inneren Schweigens". Jeder Parcours bietet zwischen zwölf und zwanzig aufeinander abgestimmte Anwendungen, dauert dreieinhalb Stunden und kostet 36 Euro.

1 TERME DI CHIANCIANO, *Chianciano Terme, Parco Acqua Santa, Tel. 0578-6 84 84 oder 6 84 80, www.termechianciano.it oder www.termesensoriali.it; 10–22 Uhr*

DER PATE UND SEIN BAUM

OLIVENÖL Nein, man muss keinen Hain mehr bewirtschaften, um sein ganz eigenes Olivenöl zu besitzen. Jetzt reicht eine Urkunde von La Rogaia. Denn wer die Patenschaft für einen der Olivenbäume des umbrischen Landguts übernimmt, erhält neben jener Urkunde und einem Foto des Patenbaums jedes Jahr zwei Liter feinstes, biologisch angebautes Olivenöl – zwar nicht unbedingt vom eigenen Baum, aber doch von der zugehörigen Pflanzung. Eine hübsche Geschenkidee, mit der man auch noch Gutes tut: Der Erlös der Patenaktion (die Jahrespatenschaft inkl. Öl gibt es ab 99 Euro und ohne Öl für 49 Euro) fließt in die Pflege der alten umbrischen Kulturlandschaft: Das aus Deutschland eingewanderte Ehepaar Greifenhagen, die Betreiber von La Rogaia, restaurieren damit die verfallenen Trockenmauern, die einst die alten Olivenhaine terrassierten.

2 AGRITURISMO VILLA LA ROGAIA, *Passignano sul Trasimeno, Loc. Castel Rigone, Via Campagna 17, Tel. 075-84 54 57, www.rogaia.de*

GUTER SCHNITT

DESIGNERMODE Das Ambiente minimalistisch, die Kleidung pure Avantgarde: Wer aus dem Mode-Mainstream ausbrechen will, kauft in Florenz im neuen Geschäft von „A piedi nudi nel parco" („Barfuß im Park"). Nach dem Erfolg der Boutique in der Einkaufsstraße Borgo degli Albizi hat am anderen Arnoufer eine Filiale eröffnet, die den bewährten Stil weiterführt: In Loft-Atmosphäre wird lässige, internationale Designermode präsentiert, darunter Kreationen von Alessandra Marchi, Lemuria und dem Mode-Visionär Hussein Chalayan. Auch japanische und koreanische Label sind vertreten.

3 A PIEDI NUDI NEL PARCO, *Florenz, Borgo San Jacopo 38r, Tel. 055-265 82 21, www.apiedinudinelparco.com*

See-Reise

BADEURLAUB Es gibt sie noch, versteckte Badeplätze, die selbst für Toskana-Kenner Neuland sind – allerdings kaum noch am Meer. Umso mehr lockt der See: Der Lago di Bilancino liegt im touristisch etwas verschlafenen Mugello, dem Hügelland nördlich von Florenz, und ist eine wunderbare Alternative zu den überfüllten Stränden am Mittelmeer. Beliebt ist der erst 13 Jahre alte Stausee – mit fünf Quadratkilometern Wasserfläche einer der größten Italiens – nicht nur bei Surfern, Seglern und Kanuten. Auch zum Schwimmen kommen die Einheimischen gern her, denn die Wasserqualität ist ausgezeichnet. Dank der zwei Badeanstalten, die nicht nur Sonnenschirme verleihen, sondern abends bei Musik auch Partystimmung aufkommen lassen, ist der Sommer am Lago di Bilancino fast so lauschig wie in Forte dei Marmi. Wer nicht nur schwimmen, sondern auch wandern möchte, kann beides kombinieren. Auf Wanderwegen lässt sich der Mugello zu Fuß oder per Rad erkunden.

4 UFFICIO INFORMAZIONI TURISTICHE BARBERINO DI MUGELLO, *Barberino di Mugello, Via del Lago 33, Tel. 055-842 01 06, www.bilancinolagoditoscana.it*

5 *Informationen zu den Wanderungen: Gruppo Escursionisti Barberinesi, Barberino di Mugello, Via B. Corsini 61, Tel. mobil 328-547 55 74, www.geb.135.it*

SCHMUCKE ANTIKE

PREZIOSEN Die Goldschmiede der Etrusker galten als die besten der Antike und waren berühmt für ihre ausgefeilte Technik und ihre Kreativität. Wer nach einem Museumsbesuch auf den Geschmack gekommen ist und sich mit etruskischen Preziosen schmücken möchte, sollte Silvia Lombardelli besuchen. In ihrer Werkstatt im maremmanischen Dorf Sovana fertigt sie erstklassige Reproduktionen von über 2000 Jahre alten Ringen, Haarnadeln, Armbändern und Anhängern. Besonders schön: die Arbeiten, in denen die typisch etruskische Technik der Granulierung angewandt wird. Winzige Goldkügelchen werden dabei zu Symbolen oder Szenenbildern zusammengesetzt.

6 ARTE ETRUSCA, *Sovana, Via del Duomo 24, Tel. 0564-61 43 46, www.arteetrusca.it; im Winter Mi sowie die zwei letzten Wochen im Januar geschl.*

TAGE DER OFFENEN TÜREN

FESTIVAL Fast so schön wie Lucca selbst sind die zahlreichen historischen Villen der Lucchesia, der Hügellandschaft, von der die Stadt umgeben ist. Elegante, jahrhundertealte Landsitze stehen dort, auf die sich die adligen Familien in den heißen Sommern zurückzogen. Noch heute befinden sich die meisten Anwesen in Privatbesitz. Doch einige der schönsten Häuser wie die Villa Mansi (Fotos), Villa Torrigiani oder Villa Bruguier sind im September bei verschiedenen kulturellen Veranstaltungen für Besucher geöffnet. Beim „Festival delle Ville" finden in den prachtvollen Gebäuden und den weitläufigen Parks Dichter-Wettbewerbe, Konzerte, Chortreffen und Ausstellungen statt. Zwischen den Veranstaltungen wird ausgiebig gefeiert.

7 FESTIVAL DELLE VILLE, *Capannori, c/o Uffizio Informazioni Turistiche, Palazzo della Cultura, Via Carlo Piaggia, Tel. 0583-42 84 41 oder 42 84 18, www.comune.capannori.lu.it oder www.flyairevents.org*

STEILE LAUFBAHN

FREECLIMBING Wem ein Umbrien-Urlaub mit Besuch im Benediktinerkloster und Olivenölverkostung eindeutig zu wenig Nervenkitzel ist, sollte einen Abstecher nach Ferentillo einplanen. Das Dorf im unberührten Nerina-Tal bei Terni ist eines der wichtigsten Freikletter-Zentren Italiens. Auf den massiven Kalkfelsen um den Ort finden sich 350 verschiedene Routen für Anfänger, Fortgeschrittene und Profis. An die extrem steile „Die Hard"-Route in der Gabbio-Wand sollten sich allerdings nur Könner wie die Polin Aleksandra „Ola" Taistra (re.) wagen. Wer erst noch lernen will, mit welcher Technik man es am sichersten nach oben schafft, kann sich im Sportgeschäft Valnerina Verticale Sport anmelden, das entsprechende Kurse für Unerschrockene anbietet.

8 VALNERINA VERTICALE SPORT, *Ferentillo, Piazza Vittorio Emanuele 9, Tel. 0744-30 24 51 oder 78 00 03; nur an Wochenenden und Feiertagen*

GRÜNER WIRD'S NICHT

GARTEN Die beiden deutschen Landschaftsgärtner Thomas und Martina Reinhardt arbeiteten viele Jahre auf der anderen Seite des Atlantiks für Kunden auf Long Island. Jetzt haben sie in einem üppigen Garten in der Nähe des Trasimenischen Sees ihre eigenen Vorstellungen verwirklicht. Als *work in progress* möchten sie die weitläufige Anlage verstanden wissen, zu der ein tropischer Teil, ein von Immergrün und Gräsern eingefasster Weg und ein „Garten unter Olivenbäumen" gehört. Nichts soll hier von Dauer sein, jedes Jahr überraschen den Besucher neue Zusammenstellungen von Blumen und Pflanzen, deren Samen die Reinhardts aus der ganzen Welt zusammentragen. Ein ebenso farbenprächtiges wie ungewöhnliches Gartenerlebnis.

10 GIARDINO REINHARDT, *Tuoro sul Trasimeno, Loc. Piazzano, Tel. mobil 333-476 82 59, www.giardinoreinhardt.com; Besichtigung nach Voranmeldung per Telefon oder E-Mail: iseipini@simail.it*

TRÄUME AUS TON

KERAMIK „Ich erzähle Märchen!", sagt Debora Ciolli, die aus Ton statt Vasen und Tellern „Traumbilder" schafft. In Grün und Himmelblau, in Kupfer und Kobalttönen glänzen die Wandbilder und fantasievollen Skulpturen der Keramikkünstlerin aus Piombino: toskanische Impressionen, die von ihrer Liebe zum Meer und zur Maremma erzählen. Sehr realitätsnah ist dagegen die Entscheidung der 40-Jährigen, nur bleifreie Farben zu verwenden. Die Umwelt, das hat sie sich vorgenommen, soll unter ihrer Arbeit nicht leiden. Nach Anmeldung können Interessierte Debora Ciolli in ihrem Atelier besuchen und ihre Arbeiten am Ort des Entstehens ansehen und kaufen.

9 DEBORA CIOLLI, *Piombino, Loc. Montemazzano 9, Tel. mobil 340-156 02 47, E-mail: debora@infol.it*

Schön gemacht

HANDWERKSMESSE Wer sich für wunschlos glücklich hält, wird auf der Internationalen Kunsthandwerks-Messe „Art" in Florenz eines Besseren gelehrt. Denn hier findet garantiert jeder etwas, was er gern besitzen würde. Das riesige Angebot reicht von handgemachter Schokolade bis zu kostbarem Schmuck, von extravaganten Stilettos bis zum Kuscheltier fürs Baby. Rund 800 Kunsthandwerker aus der Toskana und der ganzen Welt treffen sich jedes Jahr zwischen Ende April und Anfang Mai, um ihre Arbeiten vorzustellen, zu verkaufen und sich einen Überblick über die Branche zu verschaffen. Besucher begeistert besonders das Ambiente: Die Vielfalt an handgemachten Produkten wird in den Sälen der zum Messegelände umfunktionierten Befestigung Fortezza da Basso präsentiert. Selbst wer nur schauen will, kommt deshalb auf seine Kosten – und wird am Ende wahrscheinlich doch schwach.

11 ART – MOSTRA MERCATO INTERNAZIONALE DELL' ARTIGIANATO, *Florenz, Fortezza da Basso, Viale Strozzi 1, Tel. 055-49721, www.mostraartigianato.it; Eintritt 5 €*

FLORENZ AN EINEM TAG

SIGHTSEEING So viel zu sehen, so wenig Zeit? Wer für Florenz nur einen Tag erübrigen kann, muss dennoch nicht verzweifeln. Die Agentur Flora Promotuscany bietet zwei spezielle Angebote für Eilige: Statt mit dem Bus im Stau festzustecken, geht's zu Fuß durch die City; statt vor Museumskassen anzustehen, schleust der Guide die Gruppe dank zuvor gekaufter Tickets an der Schlange vorbei. Mit Innenstadtrundgang, Besuch der Uffizien oder des Palazzo Vecchio (Mo) und kleinen Pausen dauern die Touren etwa drei Stunden; im Preis von 45 Euro (Uffizien) oder 40 Euro (Palazzo Vecchio) pro Person ist der Eintritt für die Sehenswürdigkeiten bereits enthalten.

12 **FLORAPROMOTUSCANY,** *Florenz, Via Pellicceria 1, Tel. 055-21 03 01, www.florapromotuscany.com*

VON BIENEN UND BLÜTEN

HONIG Montalcino ist eigentlich bekannt für seinen Brunello – den berühmten trockenen Rotwein. Doch vom 12.–14. September 2008 geht es hier um Süßeres. Zur Honigmesse „Settimana del Miele", treffen sich Imker aus ganz Italien zu Expertenrunden und zur Verleihung der „Goldenen Biene". Diese Auszeichnung interessiert das Fachpublikum vermutlich mehr als die Laien, doch auch diese kommen auf ihre Kosten: In der Befestigungsanlage aus dem 14. Jahrhundert wird nicht nur eine ungeahnte Vielzahl an Honigsorten angeboten, sondern auch Literatur, Kosmetik und Pflanzen.

13 **A.S.G.A. MONTALCINO,** *Montalcino, Piazza del Popolo 44, Tel. 0577-84 84 88 oder mobil 347-271 58 83, www.asgamontalcino.com*

FEINER STOFF

TEXTILIEN Es riecht nach Lavendel und gestärktem Leinen: In der Schneiderwerkstatt von Milletrame fühlt sich der Kunde, als hätte er den Deckel der Wäschetruhe in einem herrschaftlichen Landhaus geöffnet: Hohlsaumgestickte Kopfkissen liegen dort aus und Handtücher in Waffelpikee, handbestickte Servietten und elegante Herrenhemden. Alles ist aus feinstem Hanfleinen gewebt und fühlt sich so zart an, dass nichts mehr an das traditionelle, raue Arbeitsgewebe der senesischen Landbevölkerung erinnert. Im Gegenteil: So edel ist das Material, dass Stefania Papi und Luana Caliani sogar Hochzeitskleider daraus schneidern.

14 MILLETRAME CANAPA & DINTORNI, *Fraz. Torrenieri bei Montalcino, Via Roma 23, Tel. 0577-83 40 78, www.milletrame.it; Sa Nachmittag sowie die zweite und dritte Augustwoche geschl.*

GUTES KLIMA

ÖKO-FEST Unter den Pinien des herrlichen Parco Naturale della Maremma dreht sich jedes Jahr im August zehn Tage lang (8.–17.8.2008) alles um den Schutz der Umwelt. Doch „Festambiente“, das internationale Festival der Umweltorganisation Legambiente, ist weder trockenes Debattierforum noch besserwisserisches Vorzeigefest, bei dem der erhobene Zeigefinger mahnt. Wer hier feiert, speist im Bio-Restaurant, sieht sich im Rahmen des „Clorofilla Film Festivals“ einen Dokumentarfilm an, bucht im Wellness-Bereich eine Yoga- oder Shiatsu-Stunde und jubelt abends beim Konzert italienischen Gesangstars wie Carmen Consoli (u.) zu. So unterhaltsam kann Umweltschutz sein!

15 FESTAMBIENTE, *Santa Maria di Rispescia, Loc. Enaoli, Tel. 0564-4 87 71, www.festambiente.it*

KALTER KLASSIKER

EIS *Cassatina alla panna* heißt ein Eis-Mythos, der in der Toskana seit ungefähr 80 Jahren zum Besten gehört, was Italien an Gefrorenem zu bieten hat. Und das will bei der Vielfalt etwas heißen. Die Gelateria „Dai Dai“ aus Castiglioncello stellt die Spezialität in Handarbeit her, ein riegelförmiges *gelato*, das man beim Spazierengehen aus dem Papier isst. Die Zutaten: frische Sahne und Milch, Eigelb, Zucker, Mehl, Gelatine – dazu beste Pernigotti-Schokolade, mit der die *cassatina* am Schluss überzogen wird. Das Ergebnis: ein sahniger Traum, der nur in den Bars an der toskanischen Küste zu finden ist – und in der Gelateria „Dai-Dai“ selbst, wo man es in einem charmanten Garten mit Meerblick kosten kann. Wer die *cassatina* probiert hat, wird auch den anderen Spezialitäten der Gelateria kaum widerstehen können. Besonders lecker sind die mit Schokolade überzogene *torta Orazio alla panna* oder die *meringa* aus feinstem Baiser.

16 GELATERIA ARTIGIANA DAI-DAI, *Castiglioncello, Via del Sorriso 16, Tel. 0586-75 27 54, www.daidaitoscana.it; Di geschl. sowie Okt. bis April*

HAPPY BIRTHDAY, MAESTRO!

PUCCINI-FESTIVAL Er starb vor über 80 Jahren, doch seine Fans feiern ihn noch immer – und dieses Jahr erst recht: Am 22. Dezember 2008 wäre Giacomo Puccini 150 Jahre alt geworden. Grund genug, das alljährliche Puccini-Festival in Torre del Lago dieses Mal in besonders großem Stil zu begehen: Pünktlich zum Festjahr wird die neue, eindrucksvolle Seebühne am Lago Massaciuccoli eingeweiht. Bis Ende August werden hier „Turandot", „Tosca", „Madame Butterfly" und „Edgar" aufgeführt, für den Herbst sind weitere Vorstellungen geplant. Auch in Puccinis Geburtsstadt Lucca und Umgebung werden das ganze Jahr lang Werke des großen Komponisten gespielt, Ausstellungen in Torre del Lago, Lucca und Pescaglia widmen sich unter anderem Puccinis Verhältnis zu seiner Heimat. Krönung des Jubiläumsjahres ist das „Happy Birthday, Maestro"-Konzert am 22. Dezember.

17 **FONDAZIONE FESTIVAL PUCCINIANO**, *Torre del Lago Puccini, Viale Puccini 273, Tel. 0584-35 05 67 oder 0584-35 93 22 (Ticketinfo), www.puccinifestival.it und www.puccini2008.it*

SONDERZUG NACH MONTALCINO

WEIN Mit dem Zug zum Wein: Jeden Samstag von Ende März bis Ende November startet am Bahnhof von Siena ein privater Sonderzug nach Montalcino. Eine Stunde lang bummelt er durch das Val d'Orcia mit seinen Kornfeldern und Weinbergen bis zur Endstation, dem historischen Bahnhof von Torrenieri unterhalb von Montalcino, in dem eine Enoteca eingerichtet wurde. Nach dem Mittagessen startet man von dort als Gruppe zu namhaften Brunello-Weingütern. 89 Euro kostet das komplette Programm, für dessen Qualität der bekannte toskanische Önologe Roberto Cipresso bürgt: Er hat sich diese Unternehmung ausgedacht.

18 WINESTATION, *Montalcino, Buchung über Tel. 0577-89 03 10, www.winestation.it*

AUS GUTEM HAUSE

HANDWERK Es ist ein langwieriges Unternehmen, auf der Suche nach den besten Kunsthandwerkern quer durch die Toskana zu reisen. Schneller und entspannter ist da ein Besuch in Florenz' historischer Einkaufsstraße Borgo degli Albizi. Dort bietet das Geschäft „Maestri di Fabbrica" in fünf Salons aus dem 16. Jahrhundert Produkte aus einigen der besten toskanischen Werkstätten an: Messer der Coltelleria Berti, Alabastervasen von Artieri, Kupfertöpfe von Antichi Mestieri und andere Artikel von bestem Ruf sind in alten Holzregalen raffiniert zur Schau gestellt. Auch nur zum Anschauen ein Genuss.

19 MAESTRI DI FABBRICA, *Florenz, Borgo degli Albizi 68 r, Palazzo Albizi. Tel. 055-24 23 21*

KURZ+WICHTIG

TELEFON

Internationale Vorwahl: 0039. Die 0 der Ortsvorwahl muss vom Ausland aus mitgewählt werden. In Italien die Vorwahl auch bei Ortsgesprächen wählen. Mobilnummern beginnen ohne 0. Deutsche Mobiltelefone funktionieren in Italien, günstiger sind Prepaid-Karten, z. B. Planet oder Sisal (im Bar Tabacchi, 5–10 €).

ANREISE

Florenz und Pisa werden von Alitalia und Lufthansa über Frankfurt, München oder Mailand angeflogen. Nach Perugia gelangt man über Mailand mit Alitalia. Nach Pisa fliegt TUIfly ab Köln, Hannover und Stuttgart, Ryanair ab Frankfurt/Hahn und Lübeck sowie Easyjet ab Berlin. Air Dolomiti bietet ab München Verbindungen nach Pisa und auch ab Frankfurt nach Florenz an. Air One bietet Verbindungen von Berlin, Frankfurt, Düsseldorf und München nach Pisa, jeweils über Rom.

AUSKUNFT

Italienische Zentrale für Tourismus ENIT, *Kaiserstr. 65, 60329 Frankfurt, Tel. 069-23 74 34; Prospektbestellung über www.enit-italia.de*

INTERNET

www.turismo.toscana.it
www.toscanapromozione.it
www.regione.toscana.it
www.rivieratoscana.com
www.umbriaturismo.it
www.umbria2000.it
www.toskana-tip.de
www.weekendafirenze.com
www.italienwandern.de
www.bellaumbria.net
www.toskana.net
www.saimicadove.it

GEOSAISON.de

In unserem **Online-Special** finden Sie weitere Toskana-Tipps, Fotos, Links, Interviews und einen humorvollen Sprachkurs zum Anhören: **www.geo-saison.de/toskana2008**

1000 Reisen und ein Ziel:
Intensiver*leben*
Studiosus-Reisen: Sehenswürdigkeiten, Kultur, Märkte, Strände und die Menschen. Fordern Sie jetzt kostenlos unsere aktuellen Kataloge an.
Per Telefon 00 800/24 01 24 01
(Gebührenfrei für D, A und CH)
Oder Internet www.studiosus.com
Studiosus

Intensive Farben, der Himmel in Bewegung und die Landschaft harmonisch komponiert wie auf Bildern alter Meister: Es gibt Momente, in denen die Natur zum Kunstwerk wird. Ansichten der Toskana – fast zu schön, um wahr zu sein

FOTOS VON **GUIDO COZZI**

< LICHT

SO WEIT DAS AUGE

< ISOLA DEL GIGLIO >

Von der Isola del Giglio, der „Insel der Lilie", geht der Blick über das alte, pisanische Castello aufs Tyrrhenische Meer. Die zweitgrößte Insel des toskanischen Archipels ist zu klein für den Massentourismus und hat sich deshalb ihre Ruhe bewahrt. Enge Gassen durchziehen die Orte, und viele Strände sind nur zu Fuß zu erreichen

BLICKE >

REICHT

„Abendrot“ ist ein zu schwaches Wort für den Sonnenuntergang, der sich über die Landschaft von Fiano bei Certaldo legt. Wolken durchziehen den Himmel wie auf einem Renaissance-Gemälde, und als ginge ein Glanz von ihnen aus, schimmern Olivenbäume silbrig in der Dämmerung

Aufrechten Wächtern gleich stehen die Zypressen bei Volterra – Silhouetten in gleißendem Sonnenlicht, das den Himmel in einem solchen Weiß strahlen lässt, wie es sich auch tief im Boden findet: im Alabaster, für den die Region seit Jahrhunderten berühmt ist

< ROMOLA >

Abendliches Spiel mit Hell und Dunkel: Die sanft gewellten Wiesen nahe der Ortschaft Romola im Val di Pesa leuchten in sattem Grün, der Himmel zieht sich zu. Es sind die letzten Minuten im Sonnenlicht, die manchmal die eindrucksvollsten des ganzen Tages sind

< SAN GIMIGNANO >

Vom Geltungsdrang der alten Patrizierfamilien zeugen die Geschlechtertürme von San Gimignano. Da kein Turm höher sein durfte als der des Rathauses, stellte die Familie Salvucci einfach zwei der imposanten Bauten nebeneinander, um Macht und Reichtum zu zeigen

Weitblick eines Dichters: Vor über 600 Jahren hat der für seine prosaische Erzählkunst bekannte Giovanni Boccaccio den Lebensabend im Val d'Elsa verbracht. Wer heute dieses Tal besucht, findet es fast unverändert – als sei es bis auf den Weinbau sich selbst überlassen

Rote Erde des Chianti: An einen anderen Planeten erinnert der Blick auf Monteriggioni, dabei ist die wehrhafte Festung ganz und gar von dieser Welt. 1203 erbaut, sollte sie als Vorposten Sienas den Vormarsch der Florentiner aufhalten. Die Wachtürme stehen noch heute

< MONTICCHIELLO >

Zwischen Monticchiello und Pienza erinnert die Landschaft an ein Bühnenbild, dessen Anmut den Betrachter fast überwältigt. Pienza sollte um 1460 eine am Reißbrett entworfene Idealstadt werden; die Natur war solchen Plänen damals wie heute weit voraus

< FLORENZ >

Wahrzeichen, die den Himmel stürmen: Campanile, Brunelleschis Domkuppel und der Turm des Palazzo Vecchio prägen die florentinische Silhouette. Wer weiter blickt, kann hinterm Stadtrand die Ruhe erahnen, die sich in den Hügeln bei Fiesole finden lässt

Einer, der die Weite sucht

Die Toskana im Sonnenschein interessiert ihn nicht. Der Fotograf **Guido Cozzi** zeigt seine Heimat am liebsten in dramatischer Pose und entdeckt sie dabei immer wieder neu

Herr Cozzi, Sie behaupten, in der Fotografie sei nichts schwieriger, als der Schönheit gerecht zu werden. Warum?
Nehmen wir einmal Porträtaufnahmen: In der Regel ist es einfacher, ein durchschnittliches Gesicht attraktiv erscheinen zu lassen, als einen schönen Menschen zu porträtieren. Das gleiche gilt für Landschaftsaufnahmen. Bei der Toskana, dem Inbegriff von Schönheit, ist die Herausforderung noch größer. Denn die Landschaft ist untrennbar mit ihren Traditionen und ihrer Geschichte verbunden. Will man das, zusammen mit dem Licht, der Luft, der Atmosphäre, auf ein Foto bannen, bleibt man leicht hinter seinen Erwartungen zurück.

Warum fotografieren Sie dann gerade hier?
Ich bin in der Toskana aufgewachsen, und es ist eine gute Schule, wenn nicht sogar die beste, in dieser Landschaft sein Handwerk zu lernen. Man legt hier die Latte automatisch sehr hoch. Ich denke etwa an den Palio von Siena. Wer die Fotos von einem Gianni Giansanti oder Francesco Cito gesehen hat, sollte nicht versuchen, bessere Aufnahmen von diesem Spektakel zu machen. Aber ich wäre kein guter Fotograf, würde ich nicht trotzdem versuchen, die Toskana so abzubilden, wie man es noch nie gesehen hat. Ich war praktisch dazu gezwungen, eine eigene Bildsprache zu entwickeln.

Wie sieht diese aus?
Ich habe mich auf Panoramafotos im Großformat spezialisiert. Meine Bilder sollen dem Ausschnitt entsprechen, den auch das menschliche Auge auf einen Blick erfasst. Damit die Fotos trotz des Formats eine hohe Tiefenschärfe besitzen und sich möglichst viele Details erkennen lassen, setze ich einiges an Technik ein: Für meine Nikon D2X benutze ich ein Stativ von Manfrotto mit Panoramakopf. Den stelle ich so ein, dass die Kamera automatisch rotiert, dabei aber auf einer Achse bleibt. In der Bewegung löst sie dann mehrfach hintereinander aus. Am Computer setze ich die Bilderfolge schließlich zu einem Motiv zusammen. Eines dieser extrem breiten Fotos kann aus bis zu 17 Bildern bestehen.

Deswegen gewinnt man auch den Eindruck, in Ihren Fotos auf Entdeckungsreise gehen zu können?
Das stimmt, aber es hat noch einen anderen Grund: Wussten Sie, dass die Maler des 16. Jahrhunderts auf ihren Veduten fast nie einen lupenreinen, blauen Himmel gemalt haben? Ihre Himmel sind immer voll Farbe und Bewegung. Das versuche ich auch zu erreichen. Eine Toskana im Sonnenlicht interessiert mich nicht,

Ein Bild von einer Landschaft: Frühlingshaft präsentieren sich die Bäume vor der Silhouette von San Gimignano

das ist mir zu banal. Am liebsten fotografiere ich, wenn sich ein Gewitter ankündigt. Dann ist die Luft klar, das Licht intensiv, und die Kontraste treten stärker hervor.

Wie finden Sie Ihre Motive?

Ich bin hier oft mit dem Motorrad unterwegs, und dabei ist mir kein Feldweg zu schlecht. So entdecke ich ständig eine neue Toskana. Wir Einheimischen vergessen oft, wie abwechslungsreich es bei uns ist. Ich suche mit meiner Arbeit einfach die Antwort auf die Frage, warum es gerade bei uns so schön ist.

Haben Sie eine Antwort gefunden?

Für mich ist die Schönheit einer Landschaft das Resultat einer intelligenten Nutzung durch den Menschen. Zum Glück existierte in der Toskana über Jahrhunderte ein ausgewogenes Verhältnis zwischen Mensch und Natur. Das wird im Val d'Orcia bei Siena gut deutlich. Dort sieht man, dass sich Zypressen fast immer auf der Nordseite eines Hauses befunden haben, denn sie sollten vor dem Wind schützen. Auch die Baumgruppen auf den Feldern stehen dort nicht zufällig. In ihrem Schatten konnte der Bauer seine Mittagspause verbringen.

Dabei wird doch gern behauptet, der Mensch ruiniere alles.

Nicht, wenn der Mensch behutsam und intelligent vorgeht. Aber wenn die Profitgier überhand nimmt, gerät das Verhältnis zwischen Mensch und Natur aus dem Gleichgewicht. Es wird schwieriger, Motive ohne Bausünden aus jüngster Zeit zu finden. In Monticchiello zum Beispiel musste ich mich kleiner Tricks bedienen und die Neubauten mit Zweitwohnungen für Auswärtige hinter einem riesigen Heuballen verstecken.

Also ist das Idyll nur Illusion?

Ich gebe zu: Manchmal wird die Idylle künstlich geschaffen. Bei meinem letzten Besuch in Castellina in Chianti aber war ich schockiert, dass es dort keine dieser einfachen Bars mehr gibt, in denen die Männer Karten spielen. Man findet dort nur noch Enotheken und Winebars. Die Ursprünglichkeit geht verloren. Darum möchte ich mit denselben technischen Mitteln, mit denen ich heute von der Schönheit der Toskana erzähle, demnächst die Verwundbarkeit dieser Gegend dokumentieren. ■

INTERVIEW: CHRISTIANE BÜLD CAMPETTI

GUIDO COZZI stammt aus Florenz und studierte Architektur, bis er sich entschloss, als Fotograf lieber die Arbeiten anderer Architekten in Szene zu setzen. 1991 gründete der heute 46-Jährige mit zwei Kollegen eine Fotoagentur. Obwohl seine Leidenschaft der Toskana gilt, haben ihn Aufträge für Magazine wie „National Geographic" oder „Condé Nast Traveller" auch immer wieder ins Ausland geführt.

Für den besten Wirsing geht der Chefkoch in die Knie. Marco Gubbiotti (li.) kreiert mit seinem Kollegen Francesco Tini Delikatessen wie *pesci rosolati* (re.): Fisch und Meeresfrüchte auf schwarzen Passatelli und Quittengemüse

Revolution in der Bastiglia

Große Veränderungen geschehen manchmal leise. Der umbrische Koch Marco Gubbiotti ist kein Mann vieler Worte. Ganz im Stillen hat er mit Leidenschaft und Perfektion das „La Bastiglia“ in Spello in eine Top-Adresse für Feinschmecker verwandelt

VON **ANDREA WALTER** (TEXT) UND **STEFANO SCATÀ** (FOTOS)

Ein Paradies nicht nur für Schafe: Mitten in Spello (1) liegt die „Bastiglia" in einer alten Ölmühle, die zum Restaurant umgebaut wurde (2). Auf beste Zutaten legt der Chef größten Wert: Der Speck stammt von freilebenden Schweinen (3)

Alles begann mit einem furchtbaren Beben. Erdstöße der Stärke 5,7 auf der Richterskala erschütterten Olivenhaine, Weinberge, ganze Dörfer. Häuser stürzten ein, Türme brachen zusammen. In Assisi schwankte die Basilika des heiligen Franziskus. Am 26. September 1997 demonstrierte die Erde Umbriens, welch ungeheure Kraft sie hat. Und dass nichts für die Ewigkeit ist.

Es war in der Zeit kurz nach der Katastrophe, die meisten Restaurants hatten noch geschlossen, als die Fancellis dachten, dass in der „Bastiglia" etwas passieren müsste. Zwar hatte das Beben die alte Olivenölmühle in Spello nicht beschädigt, in der die Familie seit den siebziger Jahren ein Hotel mit Restaurant führt. Aber es war ein guter Zeitpunkt für einen Neubeginn. „Ich wollte", sagt Luca Fancelli, der älteste Sohn, „dass auch ein Stoß durch unser Restaurant geht." Auf der Speisekarte standen dort schon lange die Klassiker Umbriens wie Pasta mit Trüffeln, Ente und Lammbraten. Aber neuer, kreativer, mutiger wollte Fancelli werden. Nur eines sollte bleiben wie zuvor: Die Küche sollte umbrisch sein, der Geschmack der Heimat bewahrt werden.

Die Fancellis gewannen Marco Gubbiotti für sich, einen jungen Koch mit Leidenschaft und großem Talent, der in Foligno in der „Villa Roncalli" kochte. Einer, der etwas verändern wollte. „Am Anfang war es ein Wagnis", erinnert sich *la mamma* Daniela Fancelli, eine italienische Dame mit strengem Blick und rauer Stimme, die Zigarette in der Hand, den Schal elegant um den Hals drapiert. Wie würden die Gäste reagieren? Die umbrische Küche ist herzhaft, bäuerlich und ohne Allüren, und die Umbrier sind nicht unbedingt Menschen, die nach Veränderungen schreien. Dass Marco Gubbiotti sich als sanfter Revolutionär entpuppen und der „Bastiglia" gar einen Michelin-Stern bescheren würde, ahnte damals noch niemand. „Heute hat Marco die *carta bianca*", sagt Daniela Fancelli. „Er hat hier freie Hand. Er ist unglaublich!"

Die hellbraune Lederjacke über den doppelreihigen Kochkittel gezogen, streift Marco Gubbiotti durch einen Olivenhain an den Hängen des Monte Subasio, der sich kurz hinter Spello erhebt. Ein Mann von 37 Jahren, ein ruhiger Typ mit schwarzem Haar und schwarzem Bart und großen dunklen Augen. Aufmerksam blickt er zu Boden, bleibt stehen. Beugt sich nach vorn und pflückt und pflückt. In der Hand hält er schließlich einen kleinen Strauß mit blauen, weißen und gelben Blüten. Marco ist auf der Suche nach seinen liebsten Zutaten fündig geworden: wilde Kräuter. Ringelblumen, Rucola, Löwenzahn, Fenchel, Borretsch, *serpillo* (wilder Thymian).

„Probier das mal!" Er reicht mir wilden Rucola, der auf der Zunge brennt. Marco grinst. „*Fortissima*, eh?" Wilde Kräuter seien im Geschmack so intensiv, dass sie beim Kochen Salz und Pfeffer überflüssig machen, sagt er. „Die haben alles!" Seine Augen leuchten. Über seine Art zu kochen spricht Marco eigentlich ungern. Zurückhaltend ist er. Keiner, der sich inszeniert oder viele Worte macht. Er beobachtet lieber, hört zu, lässt probieren, statt zu erklären. Fragt man in Spello herum, was die Einwohner über Marco denken, hört man *bravissimo* oder „meisterhaft" und jedes Mal *umile* – bescheiden. Fragt man ihn, wie er anderen die Philosophie seiner Küche beschreibt, sagt er: „Gar nicht. Ich mache einfach etwas zu essen. Dann versteht man mich schon."

Die „Bastiglia" liegt am nördlichen Rand von Spello. Von der Restaurant-Terrasse schaut man auf Italiens mystische Mitte: grüne Hügel, braune Felder, silbrig-schimmernde Olivenhaine. Im Inneren der Ölmühle von 1600 stehen alte Büsten nicht weit von weißen Ledersofas und antiken Kommoden, schrille Gemälde hängen dort genauso an der Wand wie eine Sammlung feiner Porzellanteller. Eine leicht skurrile Mischung, die etwas Herzliches hat. Als hätte man stets Neues hinzugewonnen, sich zugleich von nichts Altem getrennt. „So könnte ich zum Beispiel niemals arbeiten", sagt Marco und deutet auf ein Bild des italienischen Pop-Art-Künstlers Mario Schifano. Ein wildes Durcheinander auf Leinwand. Bei ihm in der Küche herrsche Ordnung, sagt Marco. „Dann arbeitet man besser und ist präziser. Dann stimmen die Abfolgen."

Wie ist sie ihm nun gelungen, seine Revolution? „*Piano, piano*", sagt Marco. Und dass man Geduld haben müsse. „Lamm nur kurz anzubra- →

Kleine Küche, große Kunst:
Still und konzentriert richtet
Marco Gubbiotti die Teller an

So weit, so schön: Von der Terrasse geht der Blick auf sanfte Hügel und Olivenhaine

ten oder Taube *al sangue*, blutig, zu servieren, das war ein Tabu!“ In der umbrischen Küche sei alles *ben cotto*, gut durchgegart. Ganz langsam, Schritt für Schritt, habe er die Dinge verändert, die Garzeiten verringert, leichter und feiner gekocht. „Probier einfach“, sagt er.

Kellner Vincenzo Petricciolo bringt selbstgebackenes Brot und *olio nuovo*, das frisch geerntete, grüne Olivenöl, das bitter schmeckt und so intensiv, als würde man direkt in eine Olive beißen. Seit über zehn Jahren arbeitet Vincenzo in der „Bastiglia“, er hat die Veränderungen hautnah miterlebt. „Früher haben wir auf dem Feuer dort gegrillt. Heute ist es nur noch fürs Ambiente!“ Er deutet auf den Ofen, der sich in einer Ecke des Restaurantsaals befindet. „Damals haben wir unsere Gäste noch gefragt, ob sie Rotwein oder Weißwein trinken“, erzählt er weiter. Heute bietet Sommelier Ivan Pizzoni auf Wunsch zu jedem Gericht ein darauf abgestimmtes Glas Wein an. Über 600 Weinsorten finden sich in seiner *cantina*, die Ivan dort eingerichtet hat, wo einst das Wasser für die Olivenölproduktion lagerte.

„Bevor Marco kam, gab es hier Gerichte, die man überall bekam“, sagt Vincenzo, und man merkt seinem Tonfall den Stolz an, dass heute alles anders ist. Obwohl Vincenzo alle drei Monate wie ein Schüler pauken muss, wenn der Chefkoch eine neue Karte schreibt. Für einen erstklassigen Service müsse er alle Zutaten kennen, falls jemand frage, was etwa Muscovado-Zucker sei. Und, die Antwort? „Ein Rohrzucker aus Mauritius, aromatisch und leicht geräuchert“, antwortet er ganz selbstverständlich.

Vincenzo bringt *piccoli antipasti* – kleine Häppchen: Foie gras mit Orange, *ciauscolo*, die weiche umbrische Salami, mit etwas Gurke und *spuma di canocchie*, Schaum aus dem Fleisch vom Heuschreckenkrebs. Zierliche Gebilde – mit wuchtigem Geschmack. Beinahe erschrickt man, so würzig ist die Salami, so intensiv die Foie gras, so weich der Schaum und dabei doch voller Kraft.

Es ist Mittag, das Restaurant füllt sich langsam mit Gästen, jungen Pärchen, Familien mit Kindern, Damen mit Sonnenbrillen und hochtoupiertem Haar. Stimmengewirr füllt das Restaurant. Nur in der Küche spricht niemand. Olivenöl brutzelt in Pfannen, Messerklingen gleiten durch Fleisch, leise surrt die Spülmaschine – aber niemand redet, keiner gibt Kommandos, die Abläufe funktionieren reibungslos. Manchmal unterbricht Marco für einen Moment seine Arbeit. Schaut. Beobachtet sein Team. Drei weitere Köche, drei Praktikanten in einer winzigen Küche. Dann schneidet er weiter, dekoriert einen Teller.

Die Pappardelle aus Dinkelmehl (1) sind *fatte in casa* von einer Küchenbrigade, die die Welt gesehen hat: Die Köche stammen aus Italien, Japan, den USA und Brasilien (2) und widmen sich den Traditionen Umbriens. Von dort kommt selbstverständlich auch der Ziegenkäse (3)

Wenn sie morgens und nachmittags vorbereiten, läuft das Radio oder der Fernseher, dann schauen sie auch mal Fußball oder Autorennen, diskutieren, machen Witze. „Aber wenn im Restaurant Gäste sitzen, können wir nicht abschweifen“, sagt Marco. Dann herrscht volle Konzentration.

Ein Glöckchen unterbricht die Stille. Vincenzo kommt in die Küche, holt den *coda di rospo* ab – marinierten Seeteufel mit einem Auflauf aus Cannara-Zwiebeln, dekoriert mit einem weißen Schaum aus Seeteufelsud, einer Thymian-Blüte und einem Schnapsglas, gefüllt mit belgischem Bier. Filigran und fröhlich sieht das aus. Das würzige Bier serviert Marco als Kontrast zu den anderen, eher süßlichen Zutaten.

Ich probiere die *passatina di Roveja*, eine fein pürierte Erbsensuppe, dekoriert mit Tintenfisch, Muscheln, Tomatenwürfeln und kleinen Pasta-Stückchen. Sanft kitzelt die Suppe am Gaumen, dabei ist ihr Geschmack so intensiv wie Omas Erbseneintopf – brillant veredelt, versteht sich. Marcos Küche ist das exakte Gegenteil seines Auftretens. So zurückhaltend er wirkt, wenn er spricht, so exaltiert, so voller aromatischer Eindringlichkeit sind seine Gerichte. „Manchmal übertreibe ich vielleicht sogar ein wenig“, sagt er mit einem gewitzten Lächeln. „Aber ich mag es, wenn man sich an meine Gerichte erinnert, wenn ihr Geschmack im Gedächtnis haftenbleibt.“

Bei Marco zu essen, ist ein wenig wie in einem alten Familienalbum zu blättern. Seine Kompositionen haben Geschichte, wecken Erinnerungen, ohne altmodisch zu wirken. „Ich versuche, den Originalgeschmack der Region zu treffen und in die heutigen Zeiten zu tragen“, sagt Marco. Zwar sehen seine Teller modern aus, fein, voller Schaumhäubchen und Blüten, aber in Wirklichkeit erzählen sie von früher, von Umbrien, wie es einmal war. Dafür liebt man ihn, den Koch. →

Raffinierte Süße: Karamellisierte Pistazien (1) veredeln den Nachtisch. Die Gerbera schmückt den Tisch, ein Gemälde von Mario Schifano die Wand (2). Dessert-Chef Riccardo Ferraz bereitet mit Sorgfalt ein *Tris di mele* von Apfelsorbet, -tatin und -törtchen (3)

Die *passatina di Roveja* etwa, eine feine Suppe mit Sepia und Muscheln, ist eine Hommage an ein klassisches Gericht: Tintenfisch isst man in Umbrien am liebsten mit Erbsen und Tomatensauce. Die *ravioli di oca arrosto* – Ravioli gefüllt mit einer Creme aus Gänsefleisch – macht Marco zu Ehren der Festa della Trebbiatura, eines Festes, das einst am Ende der Erntezeit mit gebratener Gans gefeiert wurde. Auch die *tortelli di pollo arrosto* erinnern an jahrhundertealte Traditionen: Zwar schwimmen sie in einer schaumigen Sauce aus Pecorino-Käse, gefüllt aber sind sie mit gebratenem Huhn – einem typischen Gericht, das man in Umbrien sonntags mit Kartoffeln isst.

Wie er überhaupt Koch wurde? Ein Zufall. Ein Freund überredete Marco, mit ihm gemeinsam auf die Kochschule zu gehen, da war er 14 Jahre alt. Der Freund brach irgendwann die Ausbildung ab. Marco machte weiter. Nach dem Abschluss, mit 19 Jahren, sammelte er erste Erfahrungen in normalen, durchschnittlichen Hotels. Das habe bei ihm den Wunsch nach mehr geweckt. Er wollte besser werden, weitergehen, vorankommen.

Wohin es ihn zog, merkte er bei einem Praktikum: Er assistierte dem Zwei-Sterne-Koch Bruno Barbieri im „Il Trigabolo" bei Ferrara. Kochen war dort Kunst und Präzision. Marco staunte über die Zeit, die man sich für jedes Gericht nahm, über die Hingabe, mit der man es anrichtete. „Das war wie ein *colpo di fulmine*", sagt er, als habe ihn ein Blitz getroffen. Er lächelt. Das sage man eigentlich nur, wenn man sich verliebt habe.

Im selben Jahr noch ging Marco nach Foligno, in die „Villa Roncalli", wo Sandra Scolastra kochte, eine Meisterin der regionalen Küche. Bei ihr entdeckte er seine Liebe für umbrische Gerichte wieder. Marco stammt aus Spoleto, schon seine Mutter brachte regionale Gerichte auf den Tisch. „Sandra hat mir viel über die Gegend beigebracht", sagt er. „Über die intensiven Geschmäcker der Region." Er lernte, wie man eine umbrische Bohnensuppe mit Speck zubereitet und servierte sie, statt in der Schale, in einem Wirsingblatt.

Nach und nach fügten sich die Puzzleteile zu einem Ganzen: „Von Sandra habe ich das Fundament gelernt, von Bruno die Architektur", sagt Marco. Heute hat er längst seinen eigenen Stil gefunden. Vor drei Jahren erhielt er den ersten Michelin-Stern. Für Marco kein Grund, sich auszuruhen. Er nimmt die Tradition als Basis, spielt mit ihr, verwandelt sie, macht sie leicht. Ohne je ihren Geschmack aufzugeben. Oder den Respekt für die Region, für Umbrien.

Service

20 21 ALBERGO RISTORANTE LA BASTIGLIA *Spello, Via Salnitraria 15, Tel. 0742-65 12 77, www.labastiglia.com; tägl. außer Mi und Do Mittag; Hauptgericht ab 18 €; Hotel mit 33 Zimmern, DZ/F ab 80 €*

22 PANIS ET VINUM Tagsüber führt Sommelier Ivan Pizzoni eine Bäckerei in Foligno, die einst seinem Großvater gehörte. Nebenan hat er mit Luca Fancelli einen edlen Feinkostladen eingerichtet. Im Angebot sind Köstlichkeiten von Brot bis Olivenöl, von Wein bis Pralinen. *Foligno, Largo volontari del sangue 4, Tel. 0742-35 03 22, www.panisetvinum.com*

23 AZIENDA AGRARIA VIOLA Von hier bezieht Marco Gubbiotti den Großteil seines Olivenöls. Er schätzt es wegen des kräftigen und ursprünglichen Geschmacks. *Foligno, Loc. San Eraclio, Via Borgo San Giovanni 11/b, Tel. 0742-6 75 15, www.viola.it*

24 IL POGGIO DEGLI OLIVI In diesem Agriturismo entspannt Marco Gubbiotti mit Frau Uyna und Sohn Lorenzo. Der Hof gehört einem Freund, von dem er auch Schweinefleisch bezieht. *Passaggio di Bettona, Loc. Montebalacca, Tel. 075-986 90 23, www.poggiodegliolivi.com; Zimmer und Apartments, DZ ab 88 €; 7. Jan. bis Anfang Feb. geschl.*

GEOSAISON.de

Zu Gast in der Profiküche. Im Interview berichtet Andrea Walter, wie sie den großen Schweiger Marco Gubbiotti zum Reden brachte. Ein appetitliches Gespräch über Kräuter, Tunfisch und die Liebe zur Heimat. **www.geo-saison.de/koch**

Herzhaftes Herbstvergnügen: Marco Gubbiotti (li.) und sein Team probieren das frisch gepresste Olivenöl von Marco Viola (re.)

FOTOS: **STEFANO SCATÀ**

Marcos Meisterwerke

Was er kocht, bleibt im Gedächtnis. Marco Gubbiotti verfeinert Umbriens traditionelle Küche und verleiht ihr einmaligen Geschmack. Machen Sie es ihm nach: Seine Gerichte erfordern Erfahrung, Konzentration und Vorbereitung, doch das Ergebnis lohnt jede Mühe

ANTIPASTI

Coda di Rospo Marinata, Parmigiana di Cipolle di Cannara e Zucchero Muscovado

Marinierter Seeteufel mit Muscovado-Zucker und Auflauf aus Cannara-Zwiebeln

ZUTATEN *für 4 Personen*

Für den Seeteufel:
350 g Seeteufelfilet, gut gesäubert
20 g Salz
20 g Rohrzucker
60 ml Reisessig
1 g schwarzer Pfeffer
20 ml Zitronensaft
10 g frischer Ingwer, kleingeschnitten
1 EL Olivenöl

Für den Seeteufel-Schaum:
1 Seeteufelkopf
je 50 g Sellerie und Möhren
20 g Zwiebeln
10 g frischer Ingwer am Stück
1 Gewürznelke
abgeriebene Schale von zwei Zitronen (unbehandelt)
1/2 Knoblauchzehe
Peperoncino (getrocknete Chilischote) nach Belieben
Salz
2 kg gecrushtes Eis (erhältlich beim Fischhändler oder selbstgemacht: Eiswürfel in ein Geschirrhandtuch geben und mit dem Hammer kleinschlagen)
8 g Soja-Lezithin (Körner oder Pulver, erhältlich im Online-Versand, z. B. unter www.gourmet-versand.eu)
1 EL Olivenöl

Für den Auflauf:
1 kg geschälte Tomaten
je 30 g Zwiebeln, Sellerie und Möhren
1 Knoblauchzehe, fein gehackt
2 EL Olivenöl
Salz
Agar Agar (in Blättchen, 2,2 g für dieses Rezept)
4 große Cannara-Zwiebeln (alternativ: rote Zwiebeln)
2 l Erdnussöl zum Frittieren
Mehl
10 Basilikumblätter
30 g Parmesan

Zum Garnieren:
Saba (Sirup aus eingekochtem Traubenmost, alternativ: Balsamico-Essig)
Muscovado-Zucker (brauner Rohrzucker aus Mauritius, als Alternative: herkömmlicher Rohrzucker)
1 Flasche Saint-Hubert-Bier (aus Belgien, oder 1 Flasche Doppelmalz-Bier)
Olivenöl

ZUBEREITUNG

Seeteufel: Das Filet gründlich waschen. Salz, Zucker, Reisessig, Pfeffer, Zitronensaft und Ingwer mischen, in eine Plastiktüte geben. Den Fisch darin 2 Stunden marinieren. Abtropfen lassen und noch einmal (wieder in einer Tüte) in Olivenöl marinieren.

Seeteufel-Schaum: Sellerie, Möhren und Zwiebel kleinschneiden und mit Knoblauchzehe, Nelke, abgeriebenen Zitronenschalen und Ingwer (am Stück) in Olivenöl anbraten. Seeteufelkopf und Peperoncino zugeben, salzen und 4–5 Min. schmoren lassen. Alles mit gecrushtem Eis bedecken. Aufkochen und durch ein Sieb gießen. 200 ml von der Brühe nehmen und Soja-Lezithin darin auflösen.

Auflauf: Für die Tomatensauce Sellerie, Zwiebeln, Möhren kleinschneiden und mit Knoblauch in Öl anbraten. Die Tomaten hinzufügen, salzen und etwa 10 Minuten kochen lassen. Agar Agar hinzugeben, nochmals aufkochen lassen und zur Seite stellen. Die Zwiebeln schälen, vierteln, in einzelne Schichten zerteilen und vier Minuten in kochendes Wasser geben. Abtropfen lassen, in Mehl wenden und in Erdnussöl frittieren, anschließend auf Küchenpapier abtropfen lassen. Die einzelnen Zutaten in eine runde Auflaufform geben: abwechselnd Zwiebelscheiben, Tomatensauce, Basilikum und geriebenen Parmesan bis zur gewünschten Höhe schichten. Den Auflauf 1 Stunde lang in den Kühlschrank stellen.

Anrichten:
Den Seeteufel in Scheiben schneiden. Den Zwiebelauflauf in kleine Torten-Stückchen schneiden und diese vor dem Servieren für 10 Minuten bei 180 °C im Ofen gratinieren. Seeteufel-Sud erwärmen und mit dem Mixer aufschäumen. Die einzelnen Zutaten auf dem Teller anrichten: den Auflauf, den Seeteufel, darauf etwas von dem Seeteufel-Schaum geben. An anderer Stelle, jeweils einzeln, den Teller mit einem Streifen Saba, ein paar Tropfen Olivenöl und ein wenig Muscovado-Zucker dekorieren. Als Extra je ein kleines Schnapsglas Saint-Hubert-Bier dazustellen.

Ravioli di Oca Arrosto, Guazzetto di Sedano, Alici di Cetara e Capperi di Pantelleria

Ravioli mit einer Füllung aus gebratener Gans auf geschmortem Sellerie, Sardellen und Kapern

ZUTATEN *für 4 Personen*

Für die Füllung:
2 Gänsekeulen à 150 g
je 30 g rote Zwiebeln, Sellerie, Möhren
1 Knoblauchzehe
Peperoncino (getrocknete Chilischote) nach Belieben
3 EL Olivenöl
1 Stück (etwa 50 g) durchwachsener Speck
1 Bd. Kräuter (Salbei, Fenchel, Rosmarin)
2 Gewürznelken
100 ml Rotwein (Sagrantino)
ca. 1 l Gemüsebrühe
Salz
40 g geriebener Parmesan
1 Ei

Für die Pasta:
500 g Mehl, Typ 0 (feines Weizenmehl)
4 Eier
6 Eigelb

Für das Gemüsebett:
400 g Sellerie
20 g ungesalzene Kapern
2 ungesalzene Sardellenfilets
1 Knoblauchzehe in der Schale
3 EL Olivenöl

ZUBEREITUNG

Füllung: Gänsekeulen waschen, vom Fett befreien, in Öl anbraten, dann mit Rotwein ablöschen. Wenn der Wein eingekocht ist, kleingeschnittene Zwiebeln, Sellerie, Möhren sowie Knoblauch, Speck und Kräuter hinzufügen. Mit Salz, Peperoncino und Nelken würzen und alles dünsten. Gemüsebrühe nach Gefühl hinzugeben, bis das Fleisch gut durch ist. Das Fleisch von den Knochen lösen, den Fond durch ein Sieb gießen und beiseitestellen. Das Fleisch für die Füllung ganz fein hacken oder durch den Fleischwolf drehen und den geriebenen Parmesan und das Ei darunterheben.
Pasta: Eier und Eigelb verrühren, Mehl hinzufügen und alles vermengen. 45 Min. ruhenlassen. Teig dünn ausrollen, halbieren. Auf eine Hälfte mit Abstand kleine Häufchen der Füllung geben, mit der zweiten Teighälfte bedecken, die Ravioli mit einem Teigrädchen ausschneiden, an den Rändern zusammendrücken.
Gemüsebett: Sellerie waschen, von Fäden befreien, fein würfeln und 4 Min. blanchieren. Dann Sellerie, Kapern, Sardellen und die ungeschälte Knoblauchzehe kurz in Öl anschwitzen. Ravioli kochen und in dem aufbewahrten Gänsefond schwenken.

Anrichten:
Auf jeden Teller eine Portion Sellerie geben, die Ravioli vorsichtig darauflegen.

Gnocchi di Patate Arrosto, Guazzetto di Baccalà e Prugnole Secche

Gnocchi mit einer Sauce aus Stockfisch und getrockneten Schlehen

ZUTATEN *für 4 Personen*

Für die Gnocchi:
300 g rote Kartoffeln
150 g Mehl, Typ 0
1 Eigelb
2 Knoblauchzehen, halbiert
1 Zweig Rosmarin
2 EL Olivenöl
Salz und Pfeffer

Für die Stockfisch-Sauce:
200 g Stockfisch
50 g Zwiebeln
50 g Sellerie
50 g Möhren
150 g geschälte Tomaten (am besten selbsteingemacht, sonst aus der Dose)
1/2 Knoblauchzehe, kleingehackt
3 EL Olivenöl
Peperoncino (getrocknete Chilischote)
je 1 Zweig Rosmarin und Salbei
Salz und Pfeffer
30 g getrocknete Schlehen
1 Bund glatte Petersilie, gehackt

ZUBEREITUNG

Den Stockfisch 2 Tage in Wasser einweichen, alle 8 Std. das Wasser wechseln.
Gnocchi: Kartoffeln schälen, in Scheiben schneiden, mit Salz und Pfeffer würzen. Mit 2 EL Öl, Knoblauchzehen und Rosmarin entweder 8 Min. im Ofen mit Dampffunktion bei 100 °C oder im Dampfkochtopf garen. Danach etwa 20 Min. bei 180 °C im Ofen backen. Durch ein grobes Sieb passieren. Mehl und Eigelb dazugeben, kurz kneten und sofort zu länglichen Gnocchi formen.
Stockfisch-Sauce: Zwiebeln, Sellerie und Möhren fein würfeln, mit Knoblauchzehe und Peperoncino in 3 EL Öl anbraten. Rosmarin und Salbei zugeben, danach die passierten Tomaten 10 Min. garen lassen, den abgetropften, kleingeschnittenen Stockfisch hinzufügen. Vier größere Stückchen Stockfisch beiseitelegen. Die Sauce einige Minuten köcheln lassen, mit Salz und Pfeffer würzen, entkernte und geviertelte Schlehen hinzugeben, Petersilie unterheben. Gnocchi 2–4 Min. in Salzwasser kochen. Anschließend in der Sauce schwenken.

Anrichten:
Gnocchi auf die Teller geben und je ein kleines Stück Stockfisch dazulegen.

Agnello di Sopravissana, Pancetta, Cosciotto, Costoletta, Coratella, Salse in Sequenza di Frutti e Verdure

Lammkeule und Lammkotelett mit Innereien an Fruchtsaucen und Gemüsepürees

ZUTATEN *für 4 Personen*

Für das Kotelett und die Lammkeule:
300 g Lammkotelett am Stück
400 g Lammkeule
Salz und Pfeffer
je 20 g frische Kräuter
(Minze, Salbei und Rosmarin)
1/2 Knoblauchzehe
Olivenöl

Für die Lammsauce:
Knochen von der Lammkeule
je 30 g Zwiebeln, Möhren, Sellerie
3 EL Olivenöl
Peperoncino (getrocknete Chilischote)
nach Belieben
Salz
10 Kapern
1/2 Glas trockener Weißwein
ca. 1 l Gemüsebrühe

Für den Speck:
150 g durchwachsener Lammspeck
5 g Minze
10 ml Zitronensaft
Salz und Pfeffer
80 g Mehl, Typ 0 (feines Weizenmehl)
160 ml Bier
ein paar Eiswürfel
1,5 l Erdnussöl zum Frittieren

Für die Innereien:
300 g Leber und Herz
je 30 g Zwiebeln und Sellerie
1/2 Knoblauchzehe, fein gehackt
1 Bd. Kräuter (Lorbeer, Salbei, Rosmarin)
100 ml trockener Weißwein
Salz
Peperoncino (getrocknete Chilischote)
nach Belieben
50 g passierte Tomaten
1 l Gemüsebrühe

Für das Auberginenpüree:
1 Aubergine
1/2 Knoblauchzehe
Salz
2 EL Olivenöl
10 ml Weißweinessig
1 Zweig Thymian

Für das Kartoffelpüree:
100 g Kartoffeln
10 g frischer Ingwer, gerieben
Salz
2 EL Olivenöl

Für die Schlehensauce:
30 g Schlehenmarmelade
10 ml Wasser

Für die Zitrusfrüchtesauce:
1/2 Orange
1/2 Mandarine
30 g Zucker
60 ml Wasser
40 ml Olivenöl
Salz

ZUBEREITUNG

Kotelett und Lammkeule: Das Kotelettstück waschen, Fett entfernen. Mit Salz und

→

Pfeffer würzen, in der Pfanne mit Öl anbraten und auf einen Rost im vorgeheizten Ofen (85 °C) legen. Den Knochen von der Lammkeule entfernen, die Keule in vier kotelettgroße Stücke teilen, mit Salz und Pfeffer würzen. Die Kräuter mit einem Faden drumherum wickeln. In Öl anbraten und auch auf den Rost legen. Beides eine Std. im Ofen garen, das Fleisch bleibt *al sangue*, blutig.
Lammsauce: Den Knochen der Lammkeule in eine Pfanne legen, Wein hinzugeben und erhitzen. Zwiebeln, Möhren, Sellerie kleinschneiden und hinzugeben, Olivenöl, Peperoncino, Salz, Kapern und Gemüsebrühe hinzufügen. 45 Min. kochen lassen, Knochen herausnehmen, Sauce pürieren und durch ein Sieb passieren.
Speck: Speck in feine Streifen schneiden, mit Minze, Salz und Pfeffer in Zitronensaft einlegen. Eis, Mehl und Bier langsam verrühren, bis ein dünnflüssiger Teig entsteht. Beiseitestellen.
Innereien: Herz und Leber in Würfel schneiden, mit Zwiebeln, Sellerie, Knoblauchzehe, Peperoncino und Kräutern anbraten. Den Weißwein dazugeben, die passierten Tomaten und zuletzt die Gemüsebrühe. Auf großer Flamme kochen lassen, bis die Innereien zart sind, anschließend salzen.
Auberginenpüree: Auberginen schälen, in Stücke schneiden und mit ein paar Tropfen Öl, Knoblauch und Thymian anbraten. Salzen, Essig hinzufügen, pürieren.
Kartoffelpüree: Kartoffeln schälen, kleinschneiden, kochen, stampfen und durch ein Sieb passieren. Geriebenen Ingwer, Olivenöl und Salz hinzugeben.
Schlehensauce: Die Marmelade mit dem Wasser verrühren und pürieren.
Zitrusfrüchtesauce: Orange und Mandarine schälen und filetieren, mit Wasser und Zucker aufkochen. Abtropfen lassen, pürieren, dabei langsam (in einem dünnen Faden) 40 ml Öl hinzufügen, salzen.
Fertigstellen: Vor dem Servieren Kotelettstück in vier Portionen schneiden, mit der Keule erneut 10 Min. bei 190 °C in den Ofen geben. Speck durch Bierteig ziehen, in Erdnussöl ausbacken, salzen.
Anrichten:
In einer Linie je ein Schälchen mit Innereien, Kotelett, Lammkeule und Speck auf den Teller legen, daneben je eine kleine Portion der Saucen und Pürees geben.

Pesci Rosolati in Tegame di Mela Cotogna, Passatelli Neri e Fumetto alla Salvia

Gebratener Fisch auf Quitten und schwarzen Nudeln mit Salbei-Fond

ZUTATEN *für 4 Personen*

Für den Fischfond:
1 Fischkopf
1/2 Zwiebel
1/2 Möhre
1 Selleriestange
1/2 Knoblauchzehe
1 Lorbeerblatt
3 g Petersilie
Peperoncino (getrocknete Chilischote) nach Belieben
1 Streifen einer Zitronenschale (unbehandelt)
2 EL Olivenöl
1 Gewürznelke
2 Cocktailtomaten
ca. 2 kg gecrushtes Eis (siehe S. 36)
Für die schwarzen Passatelli:
30 g geriebenes Brot
30 g Parmesan
30 g Mehl, Typ 0 (feines Weizenmehl)
geriebene Schale einer 1/2 Zitrone (unbehandelt)
1 TL Sepia-Tinte (im Online-Versand, z. B. unter www.gourmondo.de)
1 Ei
Für das Quittengemüse:
20 g Quitten
15 g Zwiebeln
15 g Sellerie
15 g Möhren
1/2 Knoblauchzehe
1 EL Olivenöl
Die Fische:
Die Fische können variieren, geeignet sind Tunfisch, Zahnbrasse oder Steinbutt, aber auch Meeresfrüchte wie Furchengarnele oder Jakobsmuschel. Wichtig ist, dass ein ganzer Fisch dabei ist, damit man den Fischkopf verwenden kann. Pro Person sollte man 200 g Fisch oder Meeresfrüchte rechnen.

ZUBEREITUNG

Fischfond: Das Gemüse kleinschneiden (nur die Tomaten ganz lassen), samt dem Fischkopf und allen anderen Zutaten in Olivenöl anbraten, mit gecrushtem Eis bedecken. Etwa 1 Std. köcheln lassen, anschließend durch ein Sieb gießen.
Passatelli: Geriebenes Brot, geriebenen Parmesan, Mehl, Zitronenschale, Sepia-Tinte und Ei miteinander vermengen, mit Frischhaltefolie bedeckt eine Stunde ruhenlassen. Den Teig anschließend durch eine Passatelli-Presse drücken (alternativ ein Spätzlesieb oder eine Kartoffelpresse verwenden).
Quittengemüse: Quitten, Zwiebeln, Sellerie und Möhren in kleine Würfel schneiden. Das Öl in der Pfanne erhitzen, die halbe Knoblauchzehe hinzufügen (später entfernen) und das Gemüse 3–4 Min. lang andünsten. Zum Schluss 10 ml Fischfond hinzugießen.
Fertigstellen: Die Passatelli kochen und mit dem Quittengemüse vermengen. Den Fischfond erhitzen.
Fische: Die Fische kurz von beiden Seiten in Olivenöl anbraten.
Anrichten:
Die Passatelli mit dem Quittengemüse in tiefe Teller geben, dann den Fisch daraufbetten. Erst beim Servieren den Fischfond aus einem Kännchen auf den Teller gießen.

Soufflé al Mandarino

Mandarinen-Soufflé mit Pistazien-Eis und karamellisierten Pistazien

ZUTATEN *für 4 Personen*

Für das Eis (Zubereitung in der Eismaschine):
200 ml Milch
30 g Pistazienpaste (im Fachhandel oder unter www.delikatessenladen.org)
60 g Eigelb
70 g Zucker
2 g Eisbindemittel (im Fachhandel oder unter http://hobbybaecker.de)
Für das Soufflé:
100 g Eiweiß
20 g Zucker
1–2 Mandarinen (für 100 ml Saft)
25 g Maisstärke
Butter zum Einfetten
25 g Puderzucker
Zum Garnieren:
1 unbehandelte Mandarine
etwas Puderzucker
50 g Pistazien
100 g Zucker
30 ml Wasser

ZUBEREITUNG

Am Vortag: Für die Dekoration Mandarine mit Schale in dünne Scheiben schneiden, mit Puderzucker bestreuen. 12 Std. bei 60 °C im Ofen trocknen. Für die karamellisierten Pistazien: Zucker und Wasser aufkochen, bis sich die Masse bräunlich färbt. Ganze Pistazien dazugeben. Alles auf einer Marmorplatte verstreichen, abkühlen lassen. Wenn der Karamell fest ist, zerkleinern.
Pistazieneis: Milch erwärmen und mit Pistazienpaste verquirlen. Eigelb mit Zucker aufschlagen, das Eisbindemittel, dann die Pistazienmilch dazugeben. Masse im Wasserbad unter Rühren erhitzen, bis sie cremig ist. Abkühlen lassen und ca. 15 Min. in die Eismaschine geben.
Soufflé: Mandarinen auspressen und 100 ml Saft in einen Topf geben. Maisstärke hinzufügen, so lange aufkochen, bis daraus eine gelartige Masse wird. Eiweiß mit Zucker steifschlagen, vorsichtig unter die abgekühlte Mandarinenmasse heben. Vier feuerfeste Förmchen mit Butter einfetten, mit Puderzucker bestreuen und mit der Soufflémasse füllen. Direkt vor dem Servieren die Soufflés 10 Min. bei 180 °C backen.

Anrichten:
Soufflé im Schälchen auf dem Teller platzieren, eine Kugel Eis dazugeben. Mandarinenscheibe ins Eis stecken, karamellisierte Pistazien auf den Teller streuen.

Dolce Vita 2009:

- **Bilder aus den schönsten Regionen Italiens!**
- **Fotos in bester GEO-Qualität!**

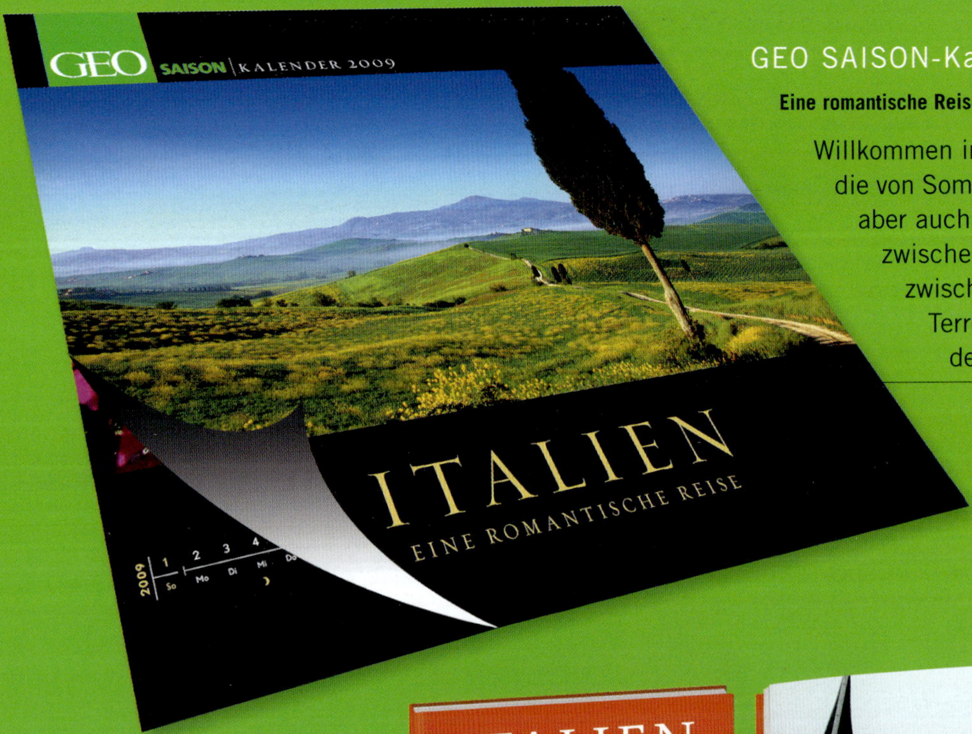

GEO SAISON-Kalender: Italien

Eine romantische Reise

Willkommen im Sehnsuchtsland! Zwölf Fotos, die von Sommer, Sonne und Urlaub künden, aber auch von den großen Kulturschätzen zwischen der Toskana und Sizilien, zwischen Venedig und der Cinque Terre. Eine Einladung zum Entdecken und Ausspannen.

Format: 50 x 45 cm
Best.-Nr.: G 641000
€ [A] 29,30 / CHF 49.-
€ 29,-

Italien – Die schönsten Bilder

Format: 22,8 x 30,4 cm
128 Seiten, 68 Farbfotos
Best.-Nr.: G 560200
Alter Preis: € 19,90 / € [A] 20,50 / CHF 35.90
Neuer Preis: € [A] 10,20 / CHF 18.90
€ 9,90

Jetzt nur noch € 9,90!

EINFACH BESTELLEN:

Die neuen Kalender von GEO.

GEO SAISON-Kalender: Die Alpen

Himmlische Augenblicke

Grandios, romantisch, ursprünglich – Europas schönstes Gebirge hat viele Facetten. Der Kalender zeigt große Ausblicke und verwunschene Winkel, dramatischen Fels und liebliche Almen, kurz: Er zeigt, warum so viele Menschen in den Bergen ihren Ruhepunkt finden.

Format: 50 x 45 cm
Best.-Nr.: G 641100
Preis: € 29,- / € [A] 29,30 / CHF 49.-

PER TELEFON:*
0180 - 506 20 00

PER FAX:*
0180 - 508 20 00

PER E-MAIL:
SERVICE@GUJ.COM

OHNE RISIKO:
14 Tage Rückgaberecht

* 14 Cent/Min. aus dem deutschen Festnetz, Mobilfunkpreise können abweichen. Mo. bis Fr. 8–20 Uhr, Sa. 9–14 Uhr. Bestellungen zzgl. Versandkosten.

Panorama-Format!

GEO SAISON-Kalender: Schöne Gärten dieser Welt

Diese Aufnahmen sprengen die üblichen Dimensionen: Gärtner rund um die Welt haben so opulente, so farbenprächtige Zauberlandschaften geschaffen, dass ihnen nur dieser übergroße Panorama-Kalender gerecht wird. Ein Fest für Auge, Herz und Seele.

Format: 120 x 50 cm
Best.-Nr.: G 640300
Preis: € 99,- / € [A] 99,90 / CHF 169.-

GEO SAISON-Kalender: Deutschland

Märchenhaft schön

Die deutschen Landschaften werden wiederentdeckt: Weil sie uns mehr als andere ein Gefühl von Geborgenheit, von Frieden geben. Dieser Kalender zeigt, wo Deutschland am schönsten ist. Zwölf Bilder einer fröhlichen Erkundungsreise durch die Heimat.

Format: 50 x 45 cm
Best.-Nr.: G 640900
Preis: € 29,- / € [A] 29,30 / CHF 49.-

10% Rabatt

- Für GEO-Abonnenten bei jedem Kalender!
- Für Besteller von mehr als einem Kalender auf den regulären Einzelpreis!

Alle GEO-Produkte im Internet unter **www.geoshop.de**

GEOShop
Das Beste von GEO

Mit Gold und Geschick wurde Arezzo zu einer der wohlhabendsten Städte der Toskana und vereint noch heute große Kunst und edles Handwerk. Ob Antiquitäten auf der Piazza, Bed and Breakfast im Palazzo oder Cocktails am Corso – GEOSAISON verrät die besten Adressen dieser kleinen Stadt von Welt

VON **TOBIAS ZICK** (TEXT) UND **ENNO KAPITZA** (FOTOS)

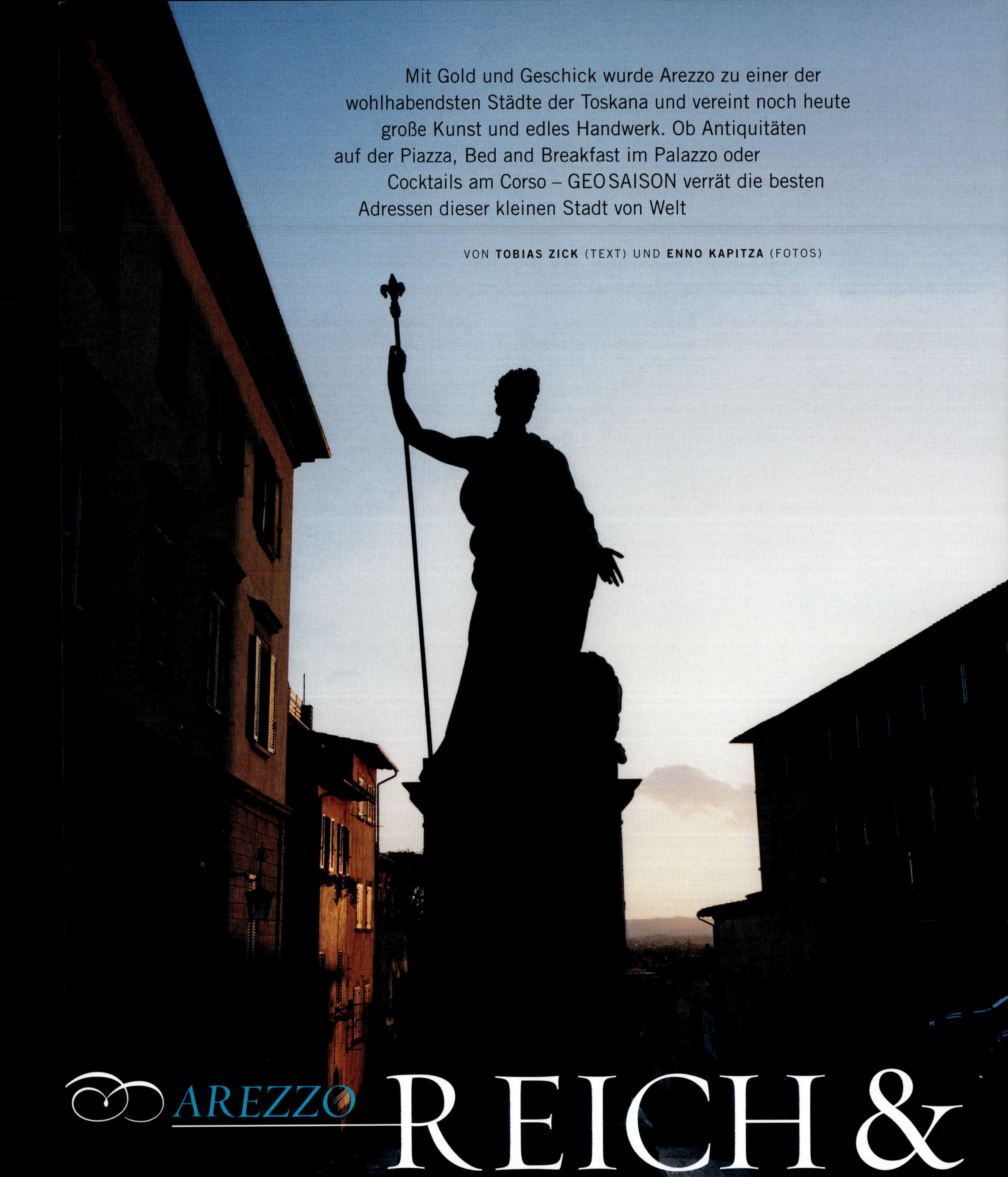

AREZZO

REICH &

Unter den Loggien des Giorgio Vasari lässt sich abends hervorragend speisen. Von hier ist es nur ein kurzer Spaziergang zur Piazza Landucci, wo der toskanische Großherzog Ferdinand III. von Habsburg-Lothringen in versteinerter Heldenpose wacht (li.)

SCHÖN

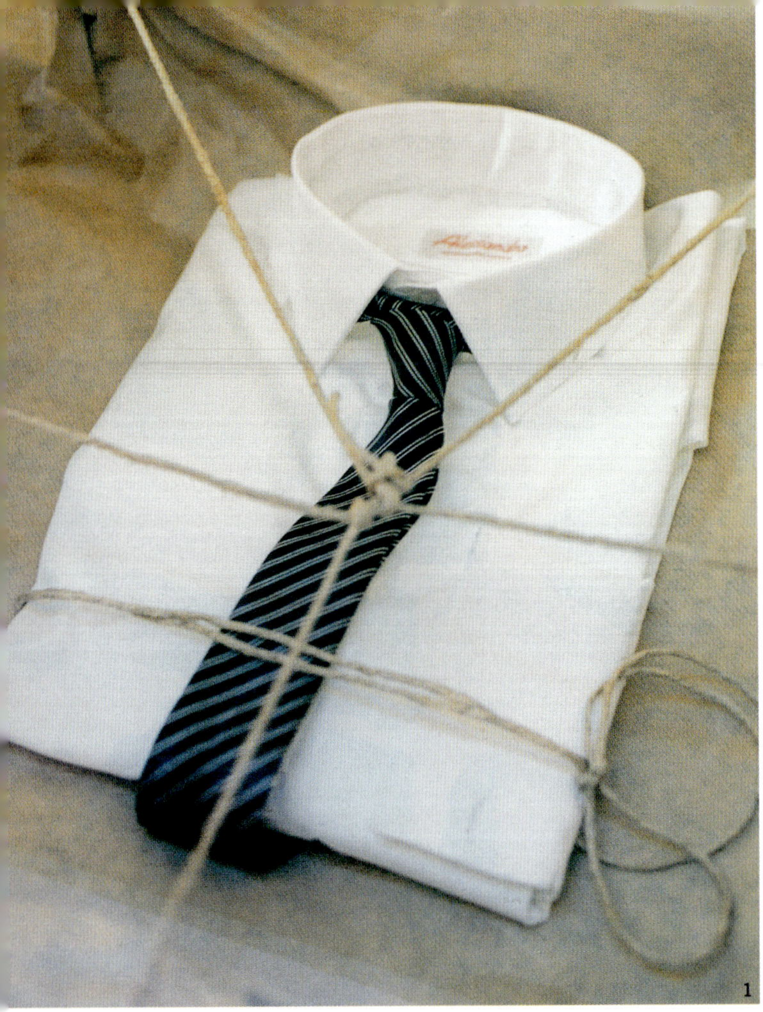
1

2

3

4

✦ GRACE GALLERY

Arezzo ist berühmt für Gold, Schmuck und Antiquitäten. Wer von der Piazza Grande aus in Richtung Basilica di San Francesco schlendert, sieht in fast jedem Schaufenster Juwelen, Möbel und Bilder. Besonders edle Stücke bietet die Grace Gallery, seit 1975 spezialisiert auf Gemälde aus Spätmittelalter und Renaissance; hier hängen Werke von Giovanni del Biondo, Jan Brueghel dem Jüngeren und Jacopo Di Cione. Die günstigsten kosten 30 000 Euro – aber man wird ja wohl noch schauen und träumen dürfen. Und sich von Artemio Rossi sein Fotoalbum zeigen lassen, in dem er gemeinsam mit seinen prominenten Kunden posiert: von Luciano Pavarotti über Giulio Andreotti bis Silvio Berlusconi.
➤ *Via Cavour 30/36, Tel. 0575-35 49 63; vom 20. Juli bis 10. August geschl.*

✦ BOTTIER B

Francesco Barbacci schusterte früher für französische und japanische Luxusmarken, hatte eines Tages die Nase davon voll und gründete 2002 seinen eigenen Betrieb. Ein Paar maßgefertigte Herrenschuhe verkauft der 42-Jährige ab 195 Euro. Die Herstellung dauert mindestens zehn Tage; wer nicht so lange in der Stadt ist, kann sich die Schuhe problemlos nach Hause schicken lassen. ➤ *Via Pescioni 9, Tel. 0575-29 41 48, mobil 335-811 35 83; Mo, im Sommer auch Sa Nachmittag sowie letzte Juliwoche bis zweite Augustwoche geschl.; zweites Geschäft im Zentrum: Piazza Grande 2, Tel. 0575-182 40 40*

✦ BUSATTI

Seit inzwischen sieben Generationen betreibt die Familie Busatti-Sassolini in der 27 Kilometer entfernten Kleinstadt Anghiari eine Weberei. Ihre feinen Tischtücher, Servietten und Kissenbezüge verkaufen sie in ihrer Filiale im Zentrum von Arezzo. ➤ *Corso Italia 48, Tel. 0575-35 52 95, www.busatti.com; Mo Vormittag im Winter, Sa Nachmittag im Sommer sowie eine Woche im August geschl.*

✦ ALESSANDRA

Temperamentvoll eilt Alessandra Ligi durch ihr Geschäft, um die männlichen Kunden bei der Wahl aus mehr als hundert Stoffen zu beraten – und ihnen anschließend daraus auf Maß feine Hemden zu schneidern. Preislich geht's los bei 90 Euro; Konfektionsware ist bereits ab 60 Euro pro Stück zu haben. ➤ *Via De' Redi 6–8a, Tel. 0575-37 16 01; Mo Vormittag sowie eine Woche im August geschl.*

✦ PELLETTERIE ARTISTICHE E.VA

Maurizio Coradeschi hat Geschäft und Handwerk von seinem Vater übernommen. Sein Spezialgebiet: Handtaschen und Geldbörsen aus Rinds- und Straußenleder, auf Wunsch auch als Einzelstück nach den eigenen Vorstellungen gefertigt. ➤ *Corso Italia 47–49, Tel. 0575-35 62 73; im Winter Mo Vormittag geschl.*

✦ GASTRONOMIA IL CERVO

Früher eine Apotheke, seit zehn Jahren ein Feinkostgeschäft: Familie Peruzzi erleichtert mit sachkundigen Empfehlungen die Wahl zwischen den verschiedenen Wurst-, Käse- und Pastaspezialitäten der Region. Wer nicht bis daheim warten will, kann sich auch an der Theke ein Mittagessen zusammenstellen und im Obergeschoss servieren lassen.
➤ *Via Cavour 38/40, Tel. 0575-2 08 72; Fr und Sa auch zum Abendessen geöffnet, Mo sowie die zweite und dritte Septemberwoche geschl.*

✦ PASTICCERIA DE' CENCI

Absolut untypisch für eine italienische Stadt: Konditoreien sind in Arezzo rar gesät. In dieser Altstadtgasse verbirgt sich eine, die unter Einheimischen viele Freunde hat. Ein besonderes Geschmackserlebnis ist die Spezialität des Hauses: Zuppa di Frutta, ein Dessert aus Creme, Früchten und Sahne (auf Bestellung).
➤ *Via De' Cenci 17, Tel. 0575-2 31 02; Mo sowie drei Wochen im August geschl.*

Daniela Galoppi, Restauratorin des Kruzifix von Cimabue in der Basilica di San Domenico:
„Unsere Stadt stand Jahrhunderte im Schatten von Florenz und Siena. Dabei hatten wir eine der ersten Universitäten Europas, und Arezzo spielte eine große Rolle in der religiösen Kunst des Mittelalters. Wer dem nachspüren will, sollte einen Teil des Cammino del Sacro gehen: vom Museo Diocesano weiter zur Basilica di San Domenico, zum Dom und zur Chiesa di Santa Maria in Gradi. Nirgends bekommt man einen besseren Einblick in unsere glänzende Vergangenheit."

Guter Geschmack regiert nicht nur in der Gastronomia Il Cervo (re.): Die Maßhemden von Alessandra Ligi bestechen durch dezente Eleganz (1), die Madonnen in der Grace Gallery durch ihre Anmut (2). Die Pasticceria De' Cenci wird für ihr Gebäck geschätzt (3), Maurizio Coradeschi verkauft in seiner Pelletterie E.Va Liebhaberstücke aus Leder (4)

Danilo Sensi, Kunstkritiker und Wirt des „Il Pulcinella“: *„Unsere Piazza Grande ist einer der schönsten Plätze Italiens, auch wenn das tagsüber im Getümmel oft ein bisschen untergeht. Wenn ich jemandem meine Stadt zeigen will, dann lade ich ihn zu einem nächtlichen Spaziergang ein. Nach Mitternacht wird es hier ganz still, die Gebäude sind wunderschön angestrahlt, und Arezzo wirkt einfach zauberhaft. Eine Flasche Wein und zwei Gläser können bei der Gelegenheit nicht schaden.“*

✦ ANTICA TRATTORIA DA GUIDO

Hin und wieder lässt Inhaber und Koch Fortunato Stilo pikante Zwischentöne aus seiner Heimat Kalabrien anklingen, ansonsten ist die Küche durch und durch toskanisch. Die Organisation Slowfood empfiehlt Stilos Trattoria als eine der besten in Arezzo – und er selbst seine in der Tat vorzüglichen Tagliolini mit Entenragout. ➤ *Via Madonna del Prato 85, Tel. 0575-2 37 60, www.anticatrattoriadaguido.it; So geschl. außer am ersten Wochenende des Monats sowie zehn Tage im August*

✦ BUCA DI SAN FRANCESCO

Ein Ausflug in die Vergangenheit: Man sitzt in einem freskenverzierten Kellergewölbe; die Pflastersteine des Fußbodens waren zu Zeiten der Etrusker Teil einer Straße. Die Küche ist rustikal. „Etwas anderes“, sagt der Wirt Mario De Filippis, „würde zu den historischen Räumen auch gar nicht passen.“ Ambiente verpflichtet: Weil die Tomate erst im 16. Jahrhundert nach Europa kam, verzichtet der Koch bei den Pastasaucen darauf. Günstige Menüs mit Titeln wie „Abt“, „Mönch“, „Prior“. ➤ *Via S. Francesco 1, Tel. 0575-2 32 71, www.bucadisanfrancesco.it; Mo Abend und Di geschl. sowie zweite und dritte Juliwoche*

✦ LOGGE VASARI

Je exklusiver die Lage, desto teurer und mittelmäßiger das Essen – in Arezzo gilt diese Faustregel zum Glück noch nicht: Man sitzt unter den Loggien von Giorgio Vasari, blickt auf die mittelalterliche Piazza Grande, wo Roberto Benigni Szenen seines oscarprämierten Films „Das Leben ist schön“ drehte, und lässt sich von den Kreationen des Ehepaars Fazzuoli verführen – Carpaccio vom Chianina-Rind, Pecorino-Fondue, Konfitüre aus grünen Tomaten und Valdarno-Huhn mit Herkunftsnachweis. ➤ *Piazza Grande 19, Tel. 0575-29 58 94, www.loggevasari.it; Di sowie 2.–4. Januarwoche geschl.*

Mittags Meeresfrüchte im „Il Pulcinella“ (li.), nach dem Essen ein *caffè* in der Bar des „Hotel Continentale“ (1) und dann den Nachmittag auf der Piazza Grande (2) genießen – das schont die Kräfte für den Abend im „Martini Point“, Arezzos beliebtester Cocktail-Bar (3 u. 4)

✦ ANTICA OSTERIA L'AGANIA

Die Familie Lodovichi führt ihre Trattoria seit 1784, und bis heute hat jede Generation ihre Gäste mit klassischer toskanischer Küche verwöhnt. Wem die *grifi* genannten Kalbsbacken und -lippen etwas zu deftig sind, kann stattdessen zu *panzanella* (einem Brotsalat), Pasta mit Trüffeln oder dem klassischen Florentiner-Steak vom Chianina-Rind greifen. Prominente wie Don Johnson und Hannelore Elsner haben an den Wänden ihre Autogramme und Lobesworte hinterlassen. ➤ *Via Mazzini 10, Tel. 0575-29 53 81, www.agania.com; Mo geschl.*

✦ RISTORANTE Il PULCINELLA

Ein Kunstkritiker, ein Buchhalter und eine Pizzeria-Wirtin haben sich hier im April 2007 einen Traum erfüllt. Sie eröffneten eine unprätentiöse Trattoria mit leichter, mediterraner Küche. Besonders die Meeres-Antipasti sind eine willkommene Abwechslung zu den fleischlastigen Spezialitäten der Region. ➤ *Piazza Porta Crucifera 8, Tel. 0575-30 28 22, www.ristoranteilpulcinella.it; Mo geschl. sowie zwei Wochen zwischen Nov. und Jan.*

✦ SAFFRON

Wer mal eine Pause von der italienischen Küche einlegen möchte, kann hier erstklassiges Sushi und asiatisch inspirierte Fischgerichte genießen. ➤ *Via Oberdan 31, Tel. 0575-40 36 93; ab 20 Uhr, So und Mo geschl.*

✦ MARTINI POINT

Besitzt diese hübsche kleine Stadt auch so etwas wie ein Nachtleben? Wer den Corso Italia bis zum unteren Ende hinabgeht, findet die Antwort: natürlich, und was für eines! Zum Wochenende drängen sich die Jungen und Schönen in und vor dieser „Street Bar“, wie der international ausgezeichnete Barkeeper Marco Grotti sein Konzept nennt. Er serviert ausschließlich Cocktails, auch ausgefallene Kreationen wie „Balsamico“, in dem einige Tropfen des süßsauren Essigs aus Modena wabern. ➤ *Corso Italia 285, Tel. 0575-36 04 21 oder mobil 347-62 21 58; ab 17.30 Uhr*

1

2

3

4

Der Chef der „Antica Trattoria“ heißt längst nicht mehr Guido, sondern Fortunato, aber er begeistert seine Gäste mit ebenso ausgezeichneter Kost wie sein Vorgänger. Kollege Andrea Fazzuoli (ganz re.) bietet in bester Zentrumslage ebenfalls feine toskanische Kost. Seit 1980 führt die Familie das „Logge Vasari“

VASARI
GIÀ
TICA TRATTORIA "DA MEMMO"
RISTORANTE
LOGGE VASARI

1

2

3

4

✦ B&B CAFFÈLATTE

Im Stadtpalast ihrer adligen Vorfahren aus dem 14. Jahrhundert, in einer ruhigen Altstadt-Straße, hat Gabriella de Giudici eine charmante, kleine Pension eingerichtet: Es gibt drei Doppelzimmer und eine kleine Küche für Gäste. ➤ *Via Pescioni 4, Tel. mobil 339-248 33 63, www.bedandbreakfastcaffelatte.com; DZ/F ab 60 €*

✦ SANPIERPICCOLO – LA FORESTERIA

Preiswerte Unterkunft in einem früheren Kloster. Die Gäste schlafen in ehemaligen Mönchszellen, was nicht heißt, dass man in unterkühltem Ambiente nächtigt: Decken und Wände schmücken Fresken, die Zimmer sind hell und längst nicht so spartanisch möbliert wie einst – Fernsehgerät und Telefon gehören zum Standard. Das Mobiliar ist einfach, aber tadellos. Bei vier der fünf Einzelzimmer sind Toilette und Bad auf dem Flur. ➤ *Via della Bicchieraia 32, Tel. 0575-37 04 74, www.foresteriasanpierpiccolo.it; DZ 75 €, Frühstück 3 € pro Person; je zwei Wochen im August und Dez. geschl.*

✦ B&B PALAZZO DEI BOSTOLI

Zentral gelegen, ruhig und sehr gediegen: angenehmes Bed and Breakfast mit antiken Möbeln und hohen Decken. ➤ *Via Mazzini 1, Tel. mobil: 338-871 40 96; DZ/F ab 80 Euro*

✦ HOTEL MINERVA

Wer sich von der Lage außerhalb des Altstadt-Zentrums und der Sechziger-Jahre-Fassade nicht abschrecken lässt, findet in diesem Vier-Sterne-Hotel ein besseres Preis-Leistungs-Verhältnis als in so manchem Haus in der Innenstadt: schöne Zimmer, Fitnessraum, Dampfbad und Fahrradverleih. Das hauseigene Restaurant genießt unter Einheimischen einen guten Ruf. ➤ *Via Fiorentina 4, Tel.0575-37 03 90, www.hotel-minerva.it; DZ/F ab 95 €*

✦ HOTEL CONTINENTALE

Dieses Haus mit schmucker Lobby, frisch renovierten Suiten und Dachterrasse hat seine drei Sterne in jedem Fall verdient. Einige der Einzelzimmer sind zwar geradezu atemberaubend klein und spartanisch, dennoch eine gute Ausweich-Möglichkeit, wenn in den schöneren Häusern alles ausgebucht sein sollte. ➤ *Piazza Guido Monaco 7, Tel. 0575-2 02 51, www.hotelcontinentale.com; DZ/F ab 126 €*

✦ VOGUE HOTEL

Das modernste unter den Vier-Sterne-Häusern der Stadt, betrieben von der britischen Kette „Exclusive Hotels", ist ein Musterbeispiel für gediegenen Komfort. Wer beim Fitness-Training unbeobachtet bleiben möchte, bekommt einen Heimtrainer aufs Zimmer. Das Personal ist aufmerksam und äußerst liebenswürdig. Perfekt für Reisende, die absolute Entspannung suchen. ➤ *Via Guido Monaco 54, Tel. 0575-24 3 61, www.voguehotel.it; DZ/F ab 143 €*

✦ HOTEL PATIO

Zentrales, ruhiges Hotel in einem Stadtpalast. Die Einrichtung ist von Reiseerzählungen des Schriftstellers Bruce Chatwin inspiriert, zur Auswahl stehen etwa „Oxiana – Das Zimmer der Anziehung" mit orientalischem Himmelbett oder „Ouidah – Das Zimmer der Trophäen" mit Geweihen an der Wand. ➤ *Via Cavour 23, Tel. 0575-40 19 62, www.hotelpatio.it; DZ/F ab 155 €; 2. und 3. Januarwoche geschl.*

✦ B&B VILLA I BOSSI

Das fünf Kilometer vom Zentrum entfernte Haus ist seit acht Jahrhunderten in den Händen der Familie Albergotti; schon der Bildhauer Benedetto da Maiano nächtigte hier im 15. Jahrhundert, zum Anwesen gehört sogar eine kleine Kirche. Man schläft in Himmelbetten, die Wände sind prunkvoll verziert. Wer's moderner mag, bezieht eines der helleren Zimmer im Neubau. Zwei Pools stehen allen Gästen zur Verfügung. ➤ *Loc. Gragnone 44, Tel. 0575-36 56 42, www.villaibossi.com; DZ/F ab 135 €; Jan. und Feb. geschl.*

Geschichte und Geschichten: Die „Villa I Bossi" ist seit 800 Jahren in Familienbesitz (1 und 2); Antikmöbel sorgen im „Hotel Continentale" für den Charme der Suite „Michelangelo" (3). Alessandra Severi (4) setzt in ihrem „Hotel Patio" dagegen auf Literatur: Wie im Zimmer „Cobra Verde" (re.) erinnert das Interieur der Räume an Reiseerzählungen von Bruce Chatwin

Lorenzo Donati, Komponist und Chordirigent:
„Wenn ich mal wieder den Kopf freibekommen will, spaziere ich gern durch den östlichen Teil der Altstadt. Dort stehen schmucke Kirchen wie San Niccolò und Sant' Agnese, zu denen sich kaum ein Tourist verirrt. Was die Akustik betrifft, ist die Pieve di Santa Maria unübertroffen; für mich als Musiker ist diese Kirche eines der kraftvollsten Bauwerke der ganzen Stadt."

Francesco Barbacci, Schuhmacher und Geschäftsführer von Bottier B:
„An freien Tagen setze ich mich am liebsten auf mein Mountainbike und radle ins Casentino; wer nicht allzu kälteempfindlich ist, kann dort im Fluss Talla baden. Ein schöner Kurzausflug ist auch die Fahrt in den Parco di Lignano südöstlich der Stadt; unterwegs gibt es einen netten Lebensmittelladen mit Bar, bei dem man sich mit einem leckeren Panino für die Weiterfahrt stärken kann."
➤ **Alimentare Bar La Vela, 2/G, Loc. Bagnoro, Tel. 0575-36 50 13; Mi Nachmittag geschl.; Informationen zum Parco di Lignano *www.parcodilignano.it***

✦ BASILICA DI SAN FRANCESCO

Piero della Francesca, geboren in Sansepolcro bei Arezzo, ist einer der genialsten Maler der frühen Renaissance; mathematisch präzise berechnete er Körperproportionen, Perspektiven und Lichteinfall. Mitte des 15. Jahrhunderts arbeitete er mehr als zehn Jahre lang am Freskenzyklus in der Hauptkapelle dieser Kirche: Die Bildfolge erzählt in mehreren Szenen die aus dem Hochmittelalter überlieferte „Legende des wahren Kreuzes": vom „sterbenden Adam" über die „Hinrichtung des Juda" bis zur „Rückführung des geraubten Kreuzes nach Jerusalem". Der Eintritt in die Kirche ist frei, wer den Freskenzyklus aber aus der Nähe sehen möchte, muss sich für den Zugang zur Hauptkapelle anmelden; Einlass ist alle 30 Minuten, der Eintritt 6 Euro.

➤ *Piazza San Francesco; Besuchszeiten des Freskenzyklus: April bis Oktober Mo–Fr 9–18.30, Sa 9–17.30, So 13–17.30; November bis März Mo–Fr 9–17.30, Sa 9–17, So 13–17 Uhr; Eintrittskarten im Tourismusbüro: Piazza San Francesco 4, Tel. 0575-35 27 27, www.apt.arezzo.it*

✦ CATTEDRALE DEI SANTI PIETRO E DONATO

Gedämpft scheint das Tageslicht in die hohen Hallen der Hauptkirche Arezzos, es fällt durch Glasfenster, die Guillaume de Marcillat im 16. Jahrhundert mit Szenen wie der Taufe Jesu bemalt hat. Im linken Seitenschiff, hinter dem mächtigen Grabmal für den Bischof Guido Tarlati, der den Bau des Doms im 14. Jahrhundert vorantrieb, trifft man auf diesen wunderbaren Kunstschatz: Piero della Francescas großes Fresko, das Maria Magdalena zeigt.

➤ *Piazza Duomo, www.oparezzo.it; 6.30–12.30 und 15–18.30 Uhr*

Arezzos Schätze: Giorgio Vasaris Werke in seinem Geburtshaus (li.), Piero della Francescas „Maddalena" im Dom (1) und sein Freskenzyklus „Die Legende des wahren Kreuzes" hinter einem Kruzifix aus dem 13. Jh. in San Francesco (2), wo Licht und Schatten mit dem hl. Antonio spielen (3). Vom Corso ist der Turm der Pieve di Santa Maria zu sehen (4)

✦ CASA VASARI

Der Maler und Architekt Giorgio Vasari hat die Uffizien in Florenz mitgebaut und die Sala Regia im Vatikan mit Fresken geschmückt. Seine Biografien italienischer Renaissance-Künstler begründeten die Kunstgeschichte. Geboren wurde er in Arezzo. In diesem Haus hat er gelebt und gearbeitet – und Wände und Decken üppig bemalt: etwa die des Kaminsaals, wo die in Öl gemalte „Invidia" (Neid), unter den Füßen der „Virtù" (Tugend) gebändigt, die „Fortuna" (Glück) an den Haaren festhält.

➤ *Via XX Settembre 55, Tel. 0575-40 90 40; tägl. außer Di 8–19.30, So 8.30–13.30 Uhr; Eintritt 2 €*

✦ MUSEO STATALE D'ARTE MEDIEVALE E MODERNA

Vom 15. bis ins 18. Jahrhundert lebte in diesem Palazzo die adlige Familie Bruni-Ciocchi; heute sind hier Kunstwerke aus mehreren öffentlichen und privaten Sammlungen ausgestellt. Vom Zusatz „modern" sollte sich niemand verwirren lassen, die jüngsten Werke stammen aus dem späten 19. Jahrhundert, die ältesten sind Sandstein-Skulpturen aus dem 8. Jahrhundert. Außerdem sind religiöse Gemälde aus dem Mittelalter von Parri di Spinello und Margarito d'Arezzo zu sehen. Ein Höhepunkt ist das 2,80 mal 7 Meter große „Abendmahl von Ester und Assuero" von Giorgio Vasari.

➤ *Via San Lorentino 8, Tel. 0575-40 90 50; Di–So und Feiertage 8.30–19.30 Uhr; Eintritt 4 €*

✦ MUSEO DIOCESANO

Klein, aber exklusiv bestückt mit Gemälden von Giorgio Vasari, Bartolomeo della Gatta und Spinello Aretino: Das im Juli 2007 wiedereröffnete Diözesan-Museum ist Ausgangspunkt des Cammino del Sacro, eines Stadtrundgangs durch Arezzo entlang der Hauptschauplätze mittelalterlicher, religiöser Kunst. Im Eintrittspreis von 7 Euro ist auch die Ausleihe eines Audioguides enthalten.

➤ *Piazzetta dietro il Duomo 13, Tel. 0575-402 72 99 oder mobil 339-795 78 96, www.oparezzo.it; tägl. außer Mo 9.30–12.30, Sa auch 15–19 Uhr*

✦ BASILICA DI SAN DOMENICO

Per Münzeinwurf kann man hier das mächtige Kruzifix aus dem 13. Jahrhundert für ein paar

1

2

3

4

Marco Grotti,
Wirt der Bar „Martini Point":
„Niemand sollte versäumen, sich Piero della Francescas Fresken in der Basilica di San Francesco anzusehen. Sein Zyklus ‚Legende des wahren Kreuzes' ist nicht nur ein Meisterwerk, sondern auch imposanter Ausdruck der Aretiner Zielstrebigkeit: Kaum ein anderes Kunstwerk auf der Welt ist mit so großer Ausdauer restauriert worden."

Minuten im gleißenden Scheinwerferlicht erstrahlen lassen; es ist ein frühes Werk des florentinischen Malers Cenni di Pepo, genannt Cimabue. Ein Restauratoren-Team aus Arezzo hat in vierjähriger Arbeit – bis 2001 – dem Gemälde seine Farben und seinen Goldglanz zurückgegeben. ➤ *Piazza San Domenico, Tel. 0575-2 32 55; 8.30–19 Uhr*

✦ CHIESA DELLA SS. ANNUNZIATA

Im Mittelalter stand hier ein kleines Oratorium der Bruderschaft der Santissima Annunziata; mit einer Madonnenstatue über dem Altar. Am Abend des 26. Februar 1490 tobte ein höllisches Gewitter über Arezzo, und ein junger Mann aus La Spezia, der Unterschlupf gesucht hatte, sah, wie der Madonna Tränen übers Gesicht liefen – so die Legende. Um dieses Wunder zu würdigen, bekamen die Künstler Bartolomeo della Gatta und Antonio da Sangallo den Auftrag, einen der weinenden Madonna angemessenen Tempel zu schaffen. Die Fassade des Kirchengebäudes wurde nie ganz fertiggestellt, birgt aber mit der „Kreuzabnahme" ein Frühwerk von Giorgio Vasari, außerdem ein Tabernakel von Spinello Aretino und Glasfenster von Marcillat. Und auf dem Hauptaltar harrt die Madonna delle Lacrime des nächsten Unwetters. ➤ *Via Garibaldi, Tel. 0575-2 67 74, www.oparezzo.it; 8–12.30 und 15.30–19 Uhr*

Cenni di Pepo, genannt Cimabue, war etwa 25 Jahre alt, als er um 1265 das Kruzifix in San Domenico malte. Sorgsam restauriert, erstrahlt es seit 2001 in neuem Glanz

✦ PIEVE DI SANTA MARIA

Die Pfarrkirche, erbaut zwischen dem 9. und dem 14. Jahrhundert, ist besonders von außen imposant: Die Fassade mit ihren verschieden dimensionierten Loggien bietet ein faszinierendes Zusammenspiel von Säulen und Bögen. Über dem Haupteingang hat ein unbekannter Künstler die zwölf Monate des Jahres in farbigen Flachreliefs dargestellt, die Krypta birgt einen Schrein mit dem Schädel des Stadtpatrons San Donato. Im ältesten Teil der Kirche, dem Presbyterium aus dem 11. und 12. Jahrhundert, spricht auf dem Flügelaltar die Mutter Gottes zu ihrem Kind, unter den milden Blicken der heiligen Donato, Giovanni Evangelista, Giovanni Battista und Matteo. Der Bischofsstuhl aus dem 16. Jahrhundert ist nach einem Entwurf von Giorgio Vasari gefertigt. ➤ *Corso Italia, www.oparezzo.it; im Sommer 8–13 und 15–19, im Winter 8–12 und 16–18 Uhr*

✦ BADIA DELLE SS. FLORA E LUCILLA

Auch hier hat der allgegenwärtige Giorgio Vasari Großes hinterlassen: Den Hauptaltar gestaltete er als Grabmal für sich und seine Familie und schmückte ihn mit Bildnissen seiner Verwandtschaft und heiligen Szenen wie „San Giorgio und der Drache". Von Segna di Bonaventura stammt das mächtige Kruzifix; wer sich in der Mitte des Kirchenschiffs auf die kleine Markierung im Boden stellt, blickt nach oben in eine vermeintliche, prächtige Kuppel – ein raffiniertes Deckengemälde von Andrea Pozzo. ➤ *Piazza della Badia, Tel. 0575-35 66 12; Mo–Sa 8–12 und 16–19, So und Feiertage 7.15–12.30 Uhr*

✦ SANTUARIO DI SANTA MARIA DELLE GRAZIE

Für Kenner lohnt sich der Weg an den Stadtrand: Die Loggien von Benedetto da Maiano gelten als eines der wichtigsten Werke der Renaissance-Architektur in der Region, ihre 15 Bögen scheinen auf den zarten, korinthischen Säulen fast zu schweben. Innen, auf dem Hochaltar von Andrea della Robbia, hat Parri di Spinello die Madonna della Misericordia mit bunten Blättern, Blumen und Früchten umgeben. ➤ *Via Santa Maria delle Grazie, Tel. 0575-32 31 40, www.abd.it/santamaria; 8–19 Uhr*

„Das Leben ist schön" auf der Piazza Grande. Roberto Benigni, selbst Aretiner, drehte hier Szenen seines Films

INFOS

AUSKUNFT

25 APT Arezzo, *Piazza Risorgimento 116, Tel. 0575-23 95 2, www.apt.arezzo.it*
Die Touristeninformationen verleihen Audioguides (2,50 €) für einen Spaziergang entlang der wichtigsten Sehenswürdigkeiten und verkaufen deutschsprachige Stadtführer (ab 4,50 €). *Emiciclo Giovanni Paolo II, Tel. 0575-182 27 70, und Via Ricasoli in der früheren Kirche San Sebastiano, Tel. 0575-40 35 74, www.arezzoturismo.it, E-mail: centroturistico@creativearts.it*

INTERNET

www.arezzocitta.com
www.arezzoweb.it
www.oparezzo.it
www.pierodellafrancesca.it
www.accademiapetrarca.it

VERKEHR

FLUGZEUG UND BAHN: Der Flughafen Pisa (Lufthansa, Alitalia, Ryanair, Easyjet) ist 154 km entfernt, der von Florenz (Lufthansa, Alitalia, Air Dolomiti) 93 km und Rom-Fiumicino 245 km (Lufthansa, Alitalia, Air Berlin, TUIfly). Arezzo liegt an der Eisenbahn-Hauptstrecke Rom–Florenz, aus beiden Richtungen gibt es mindestens stündlich Verbindungen mit Halt in Arezzo. Vom Flughafen Rom-Fiumicino aus ist man per Zug in zweieinhalb bis drei Stunden in Arezzo – ähnlich schnell wie von Pisa.
AUTO: Weite Teile der Altstadt sind Fußgängerzone oder nur für Einwohner befahrbar. Viele Hotels bieten ihren Gästen Garagen oder Stellplätze.

FESTE UND VERANSTALTUNGEN

FIERA ANTIQUARIA DI AREZZO:
1968 beschloss Antiquitätenhändler Ivan Bruschi, über das eigene Geschäft hinauszudenken und rief einen monatlichen Antiquitätenmarkt ins Leben. Der gehört mittlerweile zu den größten Italiens. An jedem ersten Wochenende des Monats drängen sich mehr als 500 Händler auf der Piazza Grande und in den Straßen und Plätzen ringsherum. Glücklich, wer rechtzeitig sein Hotelzimmer reserviert hat! *Info: Tel. 0575-37 79 93, www.arezzofiera antiquaria.com, www.fondazionebruschi.it*
GIOSTRA DEL SARACINO: Zweimal im Jahr, am vorletzten Samstag im Juni und am ersten Septembersonntag, treten Abgesandte der vier Stadtviertel Arezzos gegeneinander an. In mittelalterlichen Ritterkostümen müssen sie zu Pferd mit ihren Lanzen eine drehbare Puppe treffen, die den Sarazenen darstellen soll. Dabei dürfen die Kämpfer sich nicht von schwingenden Bleikugeln aus dem Sattel werfen lassen. *Info: Tel. 0575-37 74 62, www.giostradel saracino.arezzo.it*
POLIFONICO: Chöre aus ganz Europa reisen jedes Jahr im September (17.–21.9.2008) zu einem hochkarätigen Gesangswettbewerb nach Arezzo. Organisiert wird die Veranstaltung von der Fondazione Guido d'Arezzo, sie ist zum Andenken an den gleichnamigen mittelalterlichen Musiktheoretiker entstanden, der die Notenschrift in die europäische Musik einführte. Das Festival ist jedes Jahr einem anderen Musiker gewidmet, 2008 wird der Komponist Paolo Aretino geehrt. Interessierte können während des Festivals kostenlose Darbietungen in der Pfarrkirche Pieve di Santa Maria und verschiedene Freiluftkonzerte besuchen. *Info: Tel. 0575-35 62 03, www.polifonico.org*

LAND IN

Endlich angekommen: Isabella Perelli war früher Stewardess, heute ist sie die Chefin von „Terre di Isa“. Im verwinkelten Natursteinhaus bietet sie ihren Gästen Zimmer von schlichter Eleganz

SICHT

Frische Luft, viel Ruhe, das Essen hausgemacht – manchmal ist das Leben fern der Städte noch so, wie wir es lieben. In diesen sieben Agriturismi erwarten Sie Zimmer mit Komfort und Charakter – und herzliche Gastgeber, die zu verwöhnen wissen

VON **ANNETTE RÜBESAMEN** (TEXT) UND **STEFANO SCATÀ** (FOTOS)

LE TERRE DI ISA

Wie Zugvögel sind sie durch die Welt geflogen. Isabella Perelli und Massimo Mellucci arbeiteten früher als Stewards bei Alitalia. Bei all ihren Reisen wurde aber der Wunsch nach einem eigenen Nest immer stärker. Jetzt haben sie es sich gebaut, warm, einladend und praktischerweise so groß, dass auch noch einige Gäste darin Platz finden – und sich ebenfalls gleich zu Hause fühlen. Das verwinkelte Natursteinhaus schmiegt sich an einen Hügel, der das Carpine-Tal vom Lago Trasimeno trennt. Wer hier eintritt, fühlt sich herzlich empfangen und keineswegs fremd: farbig gestrichene Wände und polierte Antiquitäten, gemütliche Sofas und Kamine, Bücherregale und Bilderrahmen. Jedes Gästezimmer verfügt über eine Kaffeemaschine und einen kleinen Kühlschrank; der neue Wellness-Anbau bietet Platz für Massagen, Dampfbad und einen Whirlpool mit Aussicht. Draußen, wo Isabella und Massimo Gemüse anbauen und Gänse und Hühner halten, gibt es sogar ein Miniatur-Amphitheater für kleine Sommerkonzerte. Nur der Jägerzaun im Ganghofer-Stil will nicht richtig in das hügelige, umbrische Landidyll passen. Wahrscheinlich sind die beiden Ex-Stewards ein bisschen zu oft die Salzburg-Route geflogen.

26 LAGE: im umbrisch-toskanischen Grenzgebiet, 15 Minuten Fußweg vom Trasimenischen See entfernt. **ADRESSE:** *Magione, Loc. Casenuove, Case Sparse 54, Tel. 075-847 62 96 oder mobil 329-204 01 91, www.leterrediisa.com;* 10. Jan.–10. Feb. geschl. **PREISE:** DZ/F ab 70 €, Apartment ab 90 €/Tag bzw. 300 €/Woche. **UNTERKUNFT UND AUSSTATTUNG:** 5 Zimmer für 2–4 Pers., 2 Apartments für je 5 Pers., eingerichtet mit Antiquitäten. Gemütlicher Frühstücks- und Aufenthaltsraum. Wellness-Bereich. Im Garten Pool, Teich, Kinderspielplatz.

Form wahren: Klare Linien und geradliniges Design dominieren im rundum verglasten Restaurant und bei den Lamellenvorbauten der Apartments. Weniger ist mehr – das Prinzip der Inneneinrichtung gilt auch für die exklusive Küche

CASALE DEL MARE

So grenzenlos und unverstellt schweift der Blick von der Terrasse über das blaue Meer, dass das Herz vor Sehnsucht weit wird. Die Inseln des toskanischen Archipels – Capraia, Gorgona, Elba – leuchten in der Ferne, und kurz vorm Horizont ist die scharf umrissene Küstenlinie Korsikas zu erkennen. Zum Strand von Baia del Quercetano könnten wir zu Fuß gehen – oder doch erst in den Pool am Eichenhain? Es ist schon ein besonderer Ort, den der emilianische Industrielle Fulvio Martini nahe der früheren Schickeria-Sommerfrische Castiglioncello geschaffen hat. Weder das Panorama noch die Architektur entsprechen den toskanischen Klischees: Aus der Ruine eines Bauernhofs hat Martini eine modern anmutende, kleine Ferienanlage entstehen lassen. Klare Linien dominieren in Kombination mit Materialien wie Birken- und Eichenholz, Edelstahl und Aluminium. Von fast allen Balkonen ist das Meer zu sehen, Lamellenwände sorgen für Privatsphäre. Cool und gemütlich zugleich wirkt das rundum verglaste Restaurant. Hier wird abends serviert, was die Fischer der Gegend morgens aus dem Meer geholt haben. Bemerkenswert ist die Weinkarte, auf der sich ungewöhnlich viele ordentliche Flaschen für unter 20 Euro finden. Darunter Fulvio Martinis Eigenproduktion: ein weicher, fruchtiger Cabernet Franc und Sauvignon. Wie gesagt: Toskanische Klischees haben hier nichts verloren.

27 28 **LAGE:** 1,5 km vom Meer entfernt bei Castiglioncello. Bei Nordwind hört man evtl. die nahe Landstraße. **ADRESSE:** *Castiglioncello, Strada vicinale delle Spianate, Tel. 0586-759007, www.casaledelmare.it*; Nov. geschl. **PREISE:** Apartment ab 110 €/Tag, 630 €/Woche. Von Mai bis Sept. Frühstück inbegriffen, Abendmenü ca. 50 €. **UNTERKUNFT UND AUSSTATTUNG:** 7 unterschiedlich große Apartments für 2–6 Pers. mit Aircondition. Pool, Tennisplatz und Mountainbikes. Das Restaurant ist von Dez. bis Ende April Mo–Mi, im Sommer Di geschl., Reservierung erforderlich.

29 LAGE: in der Wald- und Wiesenlandschaft südlich von San Miniato. **ADRESSE:** *Montaione, Via Casastada 49, Tel. 0571-67 70 04 oder mobil 335-140 65 76, www.barbiallanuova.it;* Jan. und Feb. geschl. **PREISE:** Apartment ab 75 €/Tag, 440 €/Woche. Die Trüffelsuche mit Imbiss (ohne Trüffel) kostet 240 € für eine Gruppe (6 Personen). **UNTERKUNFT UND AUSSTATTUNG:** 7 Ferienwohnungen für 2–8 Pers., ein Haus für 10 Pers. Die Apartments befinden sich in zwei restaurierten alten Bauernhäusern, die schlicht, aber liebevoll eingerichtet sind. Pool oder Whirlpool bei jedem Haus; zu jeder Wohnung gehört eine Laube. Große Reitbahn in der Nähe.

BARBIALLA NUOVA

Damals in der WG in Mailand waren Trüffeln noch kein Thema. Da studierten Guido Manfredi und Gianluca Giannini an der Uni *economia* und verschwendeten keinen Gedanken an die edlen Knollen. Doch als beide ihren Abschluss gemacht hatten, verspürten sie keine Lust auf Managerkarrieren. Stattdessen beschlossen sie, sich lieber um Guidos Erbe zu kümmern: ein 500 Hektar großes, hügeliges Landgut zwischen San Miniato und Montaione, in dem vor allem eine Pflanze besonders gut gedeiht – *tuber magnatum pico*, die hochwertigste Art der weißen Trüffel. Deshalb betreiben die Freunde, beide Mitte 30, auf dem Gelände der *fattoria* nicht nur biologische Viehwirtschaft mit 60 Chianina-Rindern, sondern haben zudem ein Schutzgebiet für Trüffeln eingerichtet. 15 bis 20 Kilo der Kostbarkeiten buddelt Trüffelhund Toby, ein eher scheuer Lagotto von pudelhaftem Äußeren, dort jedes Jahr unter den Pappeln und Eichen von Barbialla Nuova hervor. Wer will, kann aber auch seinen eigenen Spürsinn ausprobieren – die organisierte Trüffelsuche gehört zum festen Programm. Ansonsten genießen die Gäste von Guido und Gianluca das stille Landleben, wandern auf den insgesamt 15 Kilometer langen Wegen über das Gut, baden im Pool, holen Gemüse aus dem Garten, füttern Eber Silvio – und versuchen, nicht daran zu denken, dass sie irgendwann wieder abreisen müssen.

Das Haus mit wildem Wein bewachsen, die Zimmer mit offenen Balken licht und hell: Gäste fühlen sich hier wie zu Hause

Die trutzige Villa bietet keinen Luxus, dafür fantastische Aus- und Einblicke – auf den umbrischen Apennin und in den Keller, wo regionale Spezialitäten neben wuchtigen Weinfässern serviert werden

VILLA DELLA CUPA

Sanfte Hügel, verstreut liegende Dörfer, Schafherden: Hier ist Umbrien, wie es die Traditionalisten lieben. Im Haus selbst warten Überraschungen. In der *cantina* im Kellergeschoss werden zwischen Natursteinwänden und alten Holzfässern zum Abendessen seltene apenninische Spezialitäten aufgetragen: Pasta mit Löwenzahn, Schafsbraten mit Minze, Dinkelpolenta. Diese Gerichte kennen oft nicht einmal mehr die Einheimischen. Auch das Programm für die kommenden Tage ist unkonventionell: Die Gäste können aus Schafsfett Seife herstellen, Wildkräuter sammeln und auf geführten Wanderungen lernen, wie man die Landschaft „liest". Ungewöhnlich für einen Agriturismo, aber schließlich ist Franco Rambotti emeritierter Geografieprofessor der Universität Perugia. Ihm und seiner Frau Gabriella liegt ihre Heimat, der umbro-markische Apennin, am Herzen, auch deshalb haben sie ihren Betrieb in eine *azienda sperimentale* umgewandelt, in der Neues ausprobiert und Altes wiederbelebt wird. Manchmal geschieht beides zugleich, so baut das Paar hier zum Beispiel den lange in Vergessenheit geratenen Dinkel von Monteleone an. Dass der *professore* nicht nur ein ausgewiesener Kenner der Region ist, sondern auch gut und gern deutsch spricht, macht die „Villa della Cupa" für wissensdurstige Reisende erst recht interessant. Ein paar Abstriche bei den sehr einfachen Unterkünften, die sich für Gruppen eignen, nimmt man dafür in Kauf.

30 LAGE: im Valtopina bei Nocera Umbra. Ästheten mag der Anblick der Kühlschrank-Fabrik im Tal stören. **ADRESSE:** *Nocera Umbra, Fraz. Colle, Tel. 0742-81 03 29, www.villadellacupa.com*; 10 Tage vor Weihnachten geschl. **PREISE:** Ü/F 24 €, Zeltplatz auf der Campingwiese 5 €, Abendmenü ca. 15 € (Pasta ab 2,60 €) **UNTERKUNFT UND AUSSTATTUNG:** In der historischen Villa, deren ältester Teil aus dem 13. Jh. stammt, gibt es 29 spartanisch eingerichtete 2–3-Bett-Zimmer, teils mit altmodischer Küchenecke. **TIPP:** Die Südseiten-Zimmer mit dem schönen Blick. 4 weitere Apartments für 2–11 Pers. sind übers Gelände verteilt. Bei Interesse werden Ausflüge und Seminare für Gruppen zu geografischen oder kulinarischen Themen angeboten, gern auch auf Anregung der Gäste.

Ganz natürlich: Das Gut liegt umgeben von Wäldern und Wiesen, die Gäste auf hauseigenen Pferden erkunden können

MALVARINA

Am besten reist man am frühen Abend an, wenn die sinkende Sonne den Eichenwald und die Pferdekoppel in sanftes, warmes Licht taucht und das weinbewachsene Landhaus dasteht wie aus einem Märchenbuch entliehen. Doch alles ist echt hier; das wird spätestens klar, wenn Claudio Fabrizi erscheint, der Hausherr mit der depardieuschen Genießerfigur, den breiten Hosenträgern und dem sympathisch-schleppenden Akzent der Umbrer. Aufgewachsen ist er auf dem Grundstück gleich unterhalb, sein Vater kaufte das Landgut am Monte Subasio vor 45 Jahren. Claudio baut Oliven an, stellt Pecorino her, hat einen Pferdestall gebaut und die Gästezimmer mit restaurierten Antikmöbeln eingerichtet. Sein größter Coup: Er überzeugte seine Mutter Maria, sich um das Essen für die Gäste zu kümmern. So steht die Achtzigjährige am Herd und kocht mit Leidenschaft und klaren Vorstellungen von dem, was sie mag, und dem, was in ihrer Küche nichts zu suchen hat. „Dosen kann ich nicht ausstehen", sagt sie, rümpft die Nase und trägt nach *frittata* mit Pilzen, rohem Schinken, Bruschetta, Minestrone mit Pasta, Cannelloni mit Kalbfleisch, gebratenem Freilandhuhn und allerlei Gemüsen noch eine große Portion *tiramisù* auf („ganz leicht, mit Ricotta statt Mascarpone!"). Was tun? Zugreifen! Schließlich wird hier ein Märchen wahr.

31 LAGE: 4,5 Kilometer von Assisi entfernt an den Hängen des Monte Subasio. **ADRESSE:** *Assisi, Loc. Viole, Via Pieve di Sant'Apollinare 32, Tel. 075-8064280, www.malvarina.it*; ganzjährig geöffnet. **PREISE:** DZ/F 93 €, Apartment 98 €/Tag, Frühstück 10 €/Person, Abendessen inkl. Getränken 30 €. **UNTERKUNFT UND AUSSTATTUNG:** Die 14 Zimmer und 3 Apartments (für 4 Pers.) liegen in den Nebengebäuden und sind mit einfachen Antiquitäten im rustikalen Stil gemütlich eingerichtet. Pool, Reitplatz mit 5 Pferden (kein Unterricht, nur Ausritte für erfahrene Reiter), Themen-Abendessen, Kochkurse mit Mamma Maria. Wer will, kann beim Käsen und Wursten zuschauen.

PODERE SPEDALONE

Einen Archäologen hätte Giancarlo Toso gerne hier, einen, der weitergräbt hinter dem Weinkeller, wo schon langobardisches Glas gefunden wurde und Spuren eines heidnischen Tempels. Bestimmt warten dort noch weitere Entdeckungen. Hätte er nur nicht schon so viel zu tun! Einen Ziegenstall möchte er bauen, und die Oliven müssen runter von den Bäumen, denn auf „Podere Spedalone" setzt man auf frühe Ernten und entsprechend säurearmes Öl. Später wird sich der Hausherr wie jeden Abend in die Küche stellen, für seine Gäste kochen und zunächst drei bis vier Antipasti zubereiten, die mit selbstgebackenem Brot gereicht werden. Beeindruckend, wie viel Energie der friaulische Unternehmer in sein Anwesen steckt. In kürzester Zeit hat „Giancarlo, der Bauer", wie er sich nennen lässt, die Ruinen des tausendjährigen, benediktinischen Pilgerhospizes bei Pienza in ein komfortables Landhaus verwandelt. Es fehlt an nichts, weder an historischen Elementen in den Zimmern, noch an Dampfbad und Massagen – und erst recht nicht an dramatischen Sonnenuntergängen und wohltuender Stille, die von den Gäste auf geradezu stimmig ausgeblichenen Holzliegen genossen werden können.

32 LAGE: im Hügelmeer des Orcia-Tals bei Pienza. **ADRESSE:** *Pienza, Strada per Cosona, Tel. mobil 348-0175973 oder 348-3406166, www.poderespedalone.it*; ganzjährig geöffnet. **PREISE:** DZ/F 160 €, Abendessen (auf Vorbestellung) ab 25 €. **UNTERKUNFT UND AUSSTATTUNG:** 16 Zimmer und 1 Apartment für 5–6 Pers. sowie ein Häuschen für 4 Pers., eingerichtet mit Kastanienholzmöbeln und Antiquitäten. Pool, kleiner Wellness-Bereich, Gäste haben vormittags freien Eintritt ins Dampfbad. Yoga-Kurse. Für Kinder nicht ideal, denn auf erholsame Ruhe wird viel Wert gelegt.

VILLA DE' FIORI

Es ist wie ein Besuch in der Villa einer lieben, alten Tante: Salons, die ineinander übergehen, Sofas und Ohrensessel, Leseecken und Schachbretter. Eine Vitrine mit Silbergeschirr und ein geschnitztes Mahagoni-Buffet, das Mobiliar teils antik, teils einfach alt. Zum Frühstück setzt man sich in die geräumige Küche, wo an kalten Tagen ein Feuer im Kamin lodert. Klaviermusik erklingt, im Erdgeschoss duftet es nach frisch gebackenen Butterplätzchen, in den geräumigen Gästezimmern im ersten Stock nach Möbelwachs und gestärktem Leinen. Nur die alte Tante fehlt. Dafür kümmert sich Gabriele Prosperi um die Gäste. Es war die Idee des jungen Politologen, die leerstehende Villa seines Großvaters ein bisschen aufzupolieren und in einen Agriturismo zu verwandeln. Der diskrete Charme des Großbürgertums blieb zum Glück erhalten: die Freitreppe vor der orange gestrichenen Fassade, der italienische Garten mit seinen Kieswegen und Magnolienhecken, hinter denen die Weinberge und Olivenhaine der „Villa de' Fiori" liegen. Neu hinzugekommen sind ein Pool mit kleiner Bar, ein Restaurant, das noch um gleichbleibende Qualität kämpft, sowie – und das ist nun wirklich völlig untantenhaft – WLAN zum kabellosen Internet-Surfen im ganzen Haus.

Ganz verspielt: Die elegante Villa leistet sich einen Raum für Bridge oder Schach

33 LAGE: 2 km außerhalb von Pistoia inmitten von Olivenhainen. **ADRESSE:** *Pistoia, Loc. Il Postino, Via di Bigiano e Castel Bovani 39, Tel. 0573-450351, www.villadefiori.it;* Nov. bis eine Woche vor Ostern geschl., eine Woche zum Jahreswechsel geöffnet. **PREISE:** DZ/F ab 66 €, HP ab 49 €/Pers., Apartment ab 70 €/Tag, Frühstück in der Villa 5 €. **UNTERKUNFT UND AUSSTATTUNG:** in der Villa 5 Zimmer, im Nebengebäude 1 Zimmer und 2 Apartments (3–8 Pers.), die deutlich bescheidener eingerichtet sind. Pool und Kinderspielplatz, wechselnde Ausstellungen moderner Kunst im Haus.

Ob am Pool mit Panoramablick oder am Kamin, im „Podere Spedalone“ wird Wert auf erholsame Stille gelegt. Abends bei Wein und Pasta wird's schon mal lauter – schließlich kocht der Chef hier selbst

AGRITURISMO INFO

Agriturismo ist der italienische Name für bäuerliche Betriebe, die Zimmer oder Apartments vermieten, aber weiterhin landwirtschaftlich arbeiten und beispielsweise Wein oder Öl anbauen. Zwar sind die Gebäude teilweise edel, doch sie bieten nicht immer Hotelstandard: Die Gäste machen ihre Betten oft selbst, auch täglicher Wäsche- und Reinigungsservice ist nicht immer vorgesehen. Der Trend geht bei vielen Anbietern allerdings inzwischen zu hohem Komfort und Luxus.

BÜCHER

Guida all'Agriturismo in Italia 2008, *Giunti Demetra, Via Bolognese 165, 50139 Florenz, Tel. 0039-055-5062376, www.giunti.it* oder *www.giuntistores.it; 14,90 €.* Verkauf im italienischen Buchhandel oder über das Internet. Mehr als 1500 Adressen von Bauernhöfen und Weingütern.

Landurlaub in Italien, *hrsg. von der Zentrale für den Landurlaub, Landschriftenverlag, Maarstr. 96, 53227 Bonn, Tel. 0228-963020, www.bauernhofurlaub.com; 14,20 € inkl. Versand.* Mehr als 400 Adressen aus ganz Italien, darunter viele Weingüter. Fotos und Beschreibungen zu jedem Objekt, übersichtliche Symbole helfen bei der schnellen Orientierung.

Agriturismo 2008, *De Agostini mit Edizioni Tellus, Via Giovanni da Verrazzano 15, 28100 Novara, Tel. 0039-0321-424839, www.deagostini.de; 19,90 €.* Verkauf im italienischen Buchhandel oder im Internet. Mehr als 1500 Adressen in ganz Italien, stichpunktartig beschrieben, zahlreiche Fotos.

INTERNET

Websites mit guten und informativen Angeboten: **www.agriturismo.com** – 1200 Adressen in ganz Italien, auch auf Deutsch; es gibt allerdings keine Möglichkeit, direkt von dieser Seite zu buchen.

www.agritour.net – sehr guter virtueller *agriturismo*-Führer. Die Angebote sind online buchbar und in deutscher Sprache.

www.agriturismo.regione.toscana.it – gut gemachtes und ausführliches Verzeichnis von *agriturismi* in der Toskana, informativ, mit zahlreichen Fotos – und auf Wunsch auf Deutsch.

www.agriturist.it – ausführliche Website mit vielen Informationen, auch zu den landwirtschaftlichen Produkten der Regionen.

AGENTUREN

Viele Agenturen, die Ferienwohnungen oder -häuser in der Toskana und Umbrien anbieten, haben Bauernhöfe, Ölmühlen oder andere landwirtschaftliche Betriebe im Programm. Eine ausführliche Liste siehe S. 126

Ein Besuch im Steinbruch der Firma Henraux auf dem Monte Altissimo lehrt Ehrfurcht vor dem Marmor. Dass er Jahrtausende überdauert hat, ist jedem Schüler bewusst, der seinem Erstlingswerk später mit dem Polierstein den letzten Schliff gibt

LASST STEINE SPRECHEN

Feinster Marmor, starke Schläge, sanfte Formen. In den Apuanischen Alpen bei Carrara lernen Laien das Bildhauern und erfüllen sich einen Traum: Sie schaffen ein Werk für die Ewigkeit – in genau sieben Tagen

VON **TOBIAS ZICK** (TEXT) UND **THOMAS RABSCH** (FOTOS)

SCHON NACH DEN ERSTEN SCHLÄGEN wird klar, dass dies hier kein Spiel ist. Jeder Hieb mit dem Hammer treibt die Meißelspitze gerade mal einen Millimeter in die Außenhaut des Steins, der nächste hobelt einen winzigen Splitter ab, und nach einer Dreiviertelstunde schimmert höchstens eine handtellergroße Fläche weiß heraus. Nein, dies hier ist nichts für eitle Seelen, die sich mit ein paar großzügigen Handstreichen selbst verwirklichen wollen, hier geht es um einen handfesten Konflikt, um einen Kampf, in dem die Gegner ungleicher nicht sein könnten: der einzelne Mensch mit einer Woche Zeit gegen Naturgewalten, die seit Ewigkeiten wirken.

Die Naturgewalten, als da wären: ein Urmeer, das einen dichten Bodensatz aus den Schalen abgestorbener Muscheln hinterließ; Umwälzungen der Erdkruste, die diese kalkreiche Schicht in die Tiefe trieben, wo sie bei rund 400 Grad jahrtausendelang köchelten; das Ringen der Kontinentalplatten, das die Berge der Apuanischen Alpen aufwarf, schließlich der Druck von mehreren Millionen Atmosphären, der den Kalk zu Marmor presste.

Dieser Findling aus dem Fluss Serra, wie er da liegt auf dem hölzernen Gestell, ist unzählige Male ein Stück den Berg hinuntergerollt, mit anderen Steinen zusammengeprallt, hat in sengender Hitze gelegen und unter drückendem Schnee; jeder Quadratmillimeter seiner Oberfläche ist von erdgeschichtlichen Energien gezeichnet, und ihm gegenüber steht da nun: ein Mensch mit Meißel und Hammer und dem festen, glühenden Entschluss, sich als Bildhauer zu betätigen. Zumindest einmal in seinem Leben, sieben Tage lang.

„Jeder Stein, der dort unten im Flussbett liegt", sagt der mit 50 Jahren noch enorm jung wirkende Akademieleiter Peter Rosenzweig, „ist bereits eine Skulptur, von göttlichem Finger bearbeitet. Dagegen bist du als Mensch bestenfalls ein Zwerg."

Vor dem Stein sind alle gleich: die junge Kunstlehrerin aus Schwaben, der holländische Grillgeräte-Unternehmer, der Chemiker aus Goslar. Acht Meißel stechen los, um den Steinen ihre „Flusshaut" zu nehmen, die verwitterte, ergraute und bemooste Schale, die härter ist als das Innere, das frische Weiß; die Fassade abzutragen, gegen die nicht mal ein Michelangelo gestalterisch ankäme. Ist diese erst einmal entfernt, versprechen die Profis, wird alles leichter. Dann gibt es die erste Mahlzeit. Die Pastatöpfe beim Mittagessen an der langen Tafel im Freien werden restlos geleert – Steinschlagen macht hungrig.

Der Blick schweift umher. Gott muss etwas zu feiern gehabt haben, als er dieses Land schuf, zwischen Pietrasanta und Carrara, wo die Toskana nicht lieblich ins Ungefähre wogt. Stattdessen recken Berge ihre gezackten Kanten in den Himmel und drängen sich um ein vor Grün strotzendes Tal. In dessen Mitte hat sich ein Fluss seinen Weg gebahnt; sein Bett strahlt weiß. Ein Weiß, wie es sich auch in den Bergen findet, diesen Bergen aus purem Marmor. Um das Unfassbare zu fassen, haben die Menschen hier vor langer Zeit die Legende von der Hirtentochter geschaffen, die vor Liebeskummer eine Nacht hindurch so herzzerreißend weinte, dass auch die Sterne in ihre Trauer einstimmten und Tränen vergossen; als sie auf die Erde fielen, erstarrten sie zu Marmor.

Peter Rosenzweig kam als 19-Jähriger mit dem Motorrad aus Berlin, die ersten Semesterferien im Philosophiestudium. Er wollte mit einem Freund nach Griechenland, der schlug unterwegs einen kurzen Halt in der Toskana vor, um seine Schwester zu besuchen. Ein Bekannter von ihr nahm die Besucher mit in eine Marmor-Werkstatt. Dort stand, leibhaftig und fast 80 Jahre alt, der Brite Henry Moore, einer der größten Bildhauer des 20. Jahrhunderts. Mit dem Gehstock dirigierte er einige Leute, die an einer fünf Meter hohen Skulptur arbeiteten. Da begriff Rosenzweig: In dieser Künstlerwelt gibt es nicht nur den Bildhauer und den Stein, hier lebt großes, ehrwürdiges Handwerk, indem eine Kette von Spezialisten das Modell des Künstlers in Marmor übersetzt. Der *abbozzatore* etwa, der den Grobumriss der Skulptur aus dem →

Schlag für Schlag zur Form finden: Autor Tobias Zick (1) arbeitet sich mit Hammer und Meißel durch die Schichten des Steins. Welche Gestalt sein Werk am Ende annahm (2), überraschte ihn selbst. Bildhauern nach Vorlage ist passé; jeder Stein, so lehren die Dozenten neuer Schule, wird zu der Skulptur, die er in sich birgt

Michelangelos Enkel arbeiten nicht nur von Hand: Das Loch für den Standfuß bohrt die Maschine (3) in den aus Trambiserra (4) stammenden Stein. Eher unaufwendige Technik findet sich dagegen auf den Wegen von Azzano (5), wo Lehrmeister Mauro Spadaccini (6 li.) gern einen Plausch mit befreundeten Bildhauern hält

3

4

5

6

1

2

3

4

Bildhauerin Caroline Teesing aus Utrecht (1) reist jeden Sommer nach Azzano in den Apuanischen Alpen (2), um Schüler die richtige Schlagtechnik zu lehren. Behutsam und konzentriert widmen sich diese der Arbeit (3). Mit der Hand fahren sie die Form des Marmors nach, um ein Gefühl für die Eigenart des Steins zu bekommen (4)

Steinblock herausmodelliert und sich bis auf einen Zentimeter den endgültigen Konturen nähert, der *scalpellino*, der sich mit feinerem Werkzeug dann der Formvollendung widmet, und der *lucidatore*, der dem Objekt schließlich Glanz oder samtige Mattheit schenkt, je nach Wunsch.

Nach acht Semestern brach Peter Rosenzweig sein Philosophiestudium ab, kam nach Pietrasanta, um zwei Jahre lang dieses Handwerk zu lernen, studierte anschließend, zwei Täler weiter, in Carrara an der Akademie für Schöne Künste und legte später im Bergdorf Azzano den Grundstein für die heutige Sommer-Kunstakademie Campo dell' Altissimo. Benannt ist sie nach dem Monte Altissimo, der das schmale Tal überragt und in dessen Gipfel ein Marmor-Steinbruch wie eine schneeweiße Wunde klafft.

Die Flusshaut abtragen also. Allmählich, Doppelschlag für Doppelschlag, kommt Routine in die Bewegungen; die fliegenden Stückchen werden größer, schwirren mal knapp am Ohr vorbei, prallen gegen die Arme oder die Schutzbrille oder landen vor den Füßen des Nachbarn, der in denselben Rhythmus versunken ist. Wie könnte man auch erwarten, dass ein Stein seine über Jahrtausende hinweg gewachsene Identität widerstandslos aufgibt?

„Lasst den Stein zu euch sprechen", hat Caroline Teesing, die Dozentin aus Utrecht, am Anfang gesagt, „hört zu, was er euch sagen will." Im Moment ist es noch verdächtig still in diesem frisch gepellten, weißen Brocken; jede Interpretation, die über eine leicht gequetschte Kartoffel hinausginge, wäre gewagt. Prüfende Blicke in die Runde, die anderen vermögen auch kein konkretes Ergebnis zu prophezeien. Nur der verschmitzte, pensionierte Ingenieur mit Spitznamen „Petrus" hat sich schon zu Hause sein Modell aus Pappmaché geformt: eine stilisierte Hand, die ein Weinglas umfasst. In Marmor soll sie später als Blumentopf-Ständer dienen. Immerhin einer, der für die alte Schule eintritt, das möglichst exakte Modellieren nach Vorlage – im vergangenen Jahrhundert hat sich die moderne Bildhauerei stark davon entfernt. Man richtet sich heute eher nach der Vorgeschichte, die der aus dem Fluss geholte Stein nach und nach selbst offenbart, und entwickelt im laufenden Prozess daraus Idee und Form. „Achte darauf, dass du dich nicht stur von A nach B arbeitest", rät Caroline, „sondern den Stein immer wieder wendest und neu betrachtest. Wenn du auf einer Seite etwas wegnimmst, verändert sich auch die Balance mit den anderen Partien."

AM ZWEITEN TAG strahlt der Stein in der Morgensonne, weiß mit einem zarten Roséstich, und so betrachtet, hat er mit der groben Kartoffel von gestern tatsächlich nicht mehr viel gemein: Allmählich treten Rundungen, geschwungene Linien hervor, die scheinbar danach rufen, freigelegt, miteinander in Beziehung gesetzt zu werden. Verglichen mit der harten Flusshaut gleitet der Meißel durchs frische Weiß tatsächlich viel leichter, hobelt sich wie durch Parmesan, und im Laufe des Tages tauchen die ersten Figuren auf: das Antlitz einer Riesenfliege, ein Nilpferd, ein Teddybär … nein, für solche Schlüsse ist es noch zu früh; wer will schon zu den Lieben heimkehren mit einem marmornen Teddybären im Gepäck? Beruhigenderweise ist Caroline derselben Meinung. „Ja, heute ist es für eine Entscheidung noch zu früh."

Drehen, wenden, Verbindungen und fließende Linien schaffen: Sieh an, könnte sich hier nicht so etwas wie eine umschließende Bewegung andeuten, eine beschützende Geste, wie der Arm einer Mutter, die ihr Neugeborenes hält?

DRITTER TAG, ja, diese umgreifende, mütterliche Geste tritt immer deutlicher hervor, das ist es wohl, was der Stein sagen will; arbeiten wir sie also heraus, befreien wir sie, die Botschaft. „Schöner Stein", sagt ein Kurskollege, „tolle Farbe." – „Ja", stimmt Caroline zu, „dieses warme Rosé, so etwas ist hier äußerst selten." Es ist schön, Komplimente für den eigenen Stein zu bekommen, aber muss es ausgerechnet für jene Eigenschaft sein, auf die man selbst am wenigsten Einfluss hat? Die Farbe?

Nur Susanne, Personalchefin aus Regensburg, sieht das wirklich Wichtige, die →

Steinschlagen macht hungrig: Mittags treffen sich die Kursteilnehmer an einer langen Tafel zu Pasta und Wein (5). Die Atmosphäre in der Akademie ist familiär, genau wie im Nachbardorf Azzano, wo die Freizeit-Künstler in Privatzimmern wohnen und die Gastgeber die Wäsche zum Trocknen in ihre Gärten hängen (6)

Form. „Dein Stein", sagt sie kichernd, während sie von ihrem Arbeitsplatz herüberschaut, „sieht von hier aus wie ein Schädel, der nur Augenbrauen besitzt. Wirklich lustig, stell dich mal hierher!"

VIERTER TAG, der Hintern muss weg. Ja, es wird wohl tatsächlich eine stehende Skulptur werden, eine stilisierte Persönlichkeit, die schützend ihren Arm um etwas legt – aber doch nicht mit einem derart plumpen Gesäß! Die fliegenden Bröckchen werden größer, manche sirren laut wie Libellen knapp am Ohr vorbei, aber die Fortschritte an dieser umfangreichen Problemzone lassen zu wünschen übrig. Werden die letzten zweieinhalb Tage genügen, um etwas Vorzeigbares zu schaffen? Einige der anderen machen sich sogar schon mit leichterem Werkzeug wie Spitzmeißel und Zahneisen an die Feinarbeit.

Die Offenbarung kommt in Person von Mauro, einem vierschrötigen Kerl aus dem Nachbarort. Er war einer der Lehrmeister von Peter Rosenzweig, ein *abbozzatore* und *scalpellino* der alten Schule. Profis wie er arbeiten natürlich heute weitgehend mit Pressluft-Meißel und Flex. „Obwohl", sagt er, „nichts geht über die menschlichen Hände, kein Werkzeug kann so filigran arbeiten." Er erinnert sich noch genau an die erste Rosenblüte, die er aus einem Marmorblock herausmodelliert hat.

„Sieh mal", sagt er und deutet auf eine zarte Linie, eine schimmernde Ader, die sich durch den Stein zieht, „da liegen zwei Schichten aufeinander, die Stelle wird dir später Probleme machen." Er greift Hammer und Meißel, setzt an und schlägt so zu, dass es kracht. Einmal, zweimal, und ein Riesenstück fliegt davon, groß wie eine Kinderfaust, und legt eine Bruchkante frei zwischen einer weißlichen und einer rötlichen Lage im Stein. „Damit kannst du jetzt arbeiten", sagt er und geht zum Nächsten.

Der Schreck über die klaffende Wunde in der Skulptur weicht schnell einem Schub neuer Entschlossenheit. Keine Angst vor kräftigen Schlägen, der Marmor versteht also auch eine weniger diplomatische Sprache. Schluss mit der übertriebenen Vorsicht, was weg muss, muss weg! Und während die anderen längst beim Abendessen sitzen und sich die Dämmerung übers Campo dell' Altissimo legt, hallen noch lange die Doppelschläge eines einzelnen Meißels durchs Tal, und der plumpe Hintern weicht nach und nach einem geschwungenen Rücken. Mauro sei Dank.

„Wahnsinn, wie viel du weggeschafft hast", sagt Caroline am nächsten Morgen. Der Marmor glimmt rosa in der Sonne, der seltsam schön gefärbte Stein ist Gesprächsstoff im Kurs. Wieder feiner arbeiten, rät Caroline, „achte jetzt darauf, dass du ihm Form gibst." Ja, die schützende, umarmende Geste tritt jetzt ganz klar heraus, die Figur strebt nach oben, befreit von ihrer plumpen, rückseitigen Last. Nun geht es darum, die Mondkraterlandschaft der Mauro-Schläge in eine geschmeidige Oberfläche zu verwandeln, „mit liebender Hand", wie Peter Rosenzweig sagt.

Petrus, der Ingenieur mit dem Blumenständer, tritt heran, schaut einen Moment nachdenklich auf den Stein: „Bist du katholisch?", fragt er.

Warum diese Frage?

„Na, wegen dem Weihwasserbecken, das du da modellierst. Tolle Farbe übrigens!"

AM ENDE steht er dann tatsächlich da, der Stein, der zur Skulptur geworden ist, als Teil einer abendlichen Ausstellung in einer Kirchenruine ohne Dach, mit freiem Blick auf den Abendhimmel, im Endspurt des letzten Tages mit Flex und Poliermaschine in Glanz versetzt. „Ihr habt in dieser einen Woche Formen geschaffen", sagt Peter Rosenzweig, „die euch überdauern werden." Für einen Moment wird es still. Ja, man hat sich für einen Augenblick mit der Geschichte dieses Steins verbunden und, wenn man so will, Bleibendes geschaffen. Wer weiß, vielleicht werden in 2000 Jahren diese Werke in einem archäologischen Museum in der Abteilung „Kuriose Fundstücke" ausgestellt. Es wäre interessant zu hören, was die Betrachter dann dazu sagen. Und wenn es nur etwas wäre wie: „Dieser hier hat aber einen schönen, rosa Schimmer!"

1

Am Ende eines Kurses: Teilnehmerin Susanne zeigt ihre Skulptur auf der Vernissage in einer Kirchenruine. Was nach sieben Tagen bleibt? Stolz aufs eigene Werk und Respekt vor dem Marmor, der so zart wie hart sein kann (1)

2

Das Atelier der Profis: Im Studio Pescarella bei Pietrasanta arbeiten zehn Bildhauer aus sechs Ländern. Ihre Werke bieten interessierten Laien Anregung und Anreiz – gern auch den zum Kauf (2)

Jetzt im Handel
Zeigen Sie Ihren Kindern die Gesichter der Welt.
GEOlino – das Monatsmagazin für junge Entdecker: spannende Berichte über Menschen, Tiere, Natur, Technik und tolle Extras zum Spielen, Rätseln oder Sammeln.
GEOlino
Das Erlebnisheft
Sportlich: Diesen Monat dreht sich alles um Olympia!
GEJAGTER JÄGER
Warum Geparde oft weglaufen müssen
ECHT DUFTE
Was Gerüche in unserem Gehirn anstellen
VULKANE
Wenn die Erde Feuer spuckt
LEBEN IM FLUSS
Wo Kinder auf kleinen Booten groß werden
unicef
www.geolino.de
GEOlino. Wissen macht Spaß

Marmor, Stein und Reisen

In einer Woche den Findling zur Skulptur veredeln und dabei die grandiose Landschaft der Apuanischen Alpen entdecken: Bildhauerkurse zwischen Carrara und Pietrasanta machen's möglich

CAMPO DELL' ALTISSIMO

Gegenüber einem Steinbruch am Rande des Dorfes Azzano gründete der Berliner Künstler Peter Rosenzweig 1981 die Sommerakademie „Campo dell' Altissimo", benannt nach dem Marmor-Massiv des Monte Altissimo. Ein Ort mit Geschichte: Im 16. Jahrhundert ließ Michelangelo in dieser Gegend Marmor für die Bauvorhaben des Medici-Papstes Leo X. abbauen. Zwei Jahre lang kämpfte er mit Transportproblemen im engen Flusstal des Serra, mehrere Säulen gingen beim Verladen zu Bruch. Anfänger und Fortgeschrittene können bei Rosenzweig Bildhauer-Workshops oder Malkurse belegen (von April bis Oktober), die Dozenten stammen aus Deutschland, Italien und den Niederlanden. **34** *Azzano, Via Martiri del Lavoro 609, Buchung und Info: Rosemarie Rosenzweig, Am Eichgarten 15, 12167 Berlin, Tel. 030-795 60 00, www.campo-altissimo.com; eine Woche Kurs inkl. Material 530 €, zwei Wochen 725 €*

ANREISE

Vom Flughafen Pisa sind es mit dem Zug zwischen 40 und 60 Minuten bis Pietrasanta, von dort werden Teilnehmer mit dem Kleinbus abgeholt. Wer mit dem Auto anreist, fährt von Pietrasanta aus etwa 15 Kilometer auf steilen Serpentinenstraßen über Seravezza nach Azzano.

ÜBERNACHTEN

Das Campo dell' Altissimo vermittelt Unterkünfte in eigens angemieteten Privathäusern in Azzano; die Übernachtung im Doppelzimmer kostet pro Woche 195 €, im Einzelzimmer 310 €.

Der schwerste Cadillac der Toskana, maßstabsgetreu aus Carrara-Marmor

ESSEN UND TRINKEN

35 Michelangelo. Das einzige Restaurant von Azzano ist gleichzeitig auch Bar, Tabak- und Zeitschriftenhandel; der Wirt arbeitet als Dorfschullehrer und Chorleiter und empfiehlt gern gehaltvolle Antipasti auf Wurst- und Speckbasis. Samstagabends oft Livemusik oder Karaoke. *Seravezza, Fraz. Azzano, Via San Michele 237, Tel. 0584-77 30 50; im Winter Di geschl.*

ANDERE KURSANBIETER

36 Arco Arte. Zwei Täler weiter, am Rand von Carrara, wo Lastwagen hausgroße Marmorblöcke aus den Steinbrüchen fahren, veranstaltet der Künstler Boutros Romhein von Mai bis Mitte Oktober zweiwöchige Bildhauerkurse. Darin lernen die Teilnehmer die Arbeit mit verschiedenen Werkstoffen wie Marmor, Holz oder Ton. *Carrara, Via Carriona di Colonnata 10, Tel. 0585-77 70 00, www.arcoarte.it*

37 Adressen weiterer, teils englischsprachiger Anbieter sind beim Konsortium zur Förderung des Tourismus in der Versilia erhältlich, *Marina di Pietrasanta, Piazza America 2, Tel. 0584-28 32 84 oder 20331, www.artemare.net/corsi_scultura2.asp*

ANSEHEN

38 Museo Civico del Marmo. Wer sich eingehender mit den Hintergründen des edlen, weißen Kalkgesteins beschäftigen will, kann hier archäologische Fundstücke, Proben verschiedener Marmorarten und Hightech-Abbaumaschinen besichtigen. *Carrara, Loc. Stadio, Viale XX Settembre 85, Tel. 0585-84 57 46, http://brunelleschi.imss.fi.it/ist/luogo/museocivicomarmo.html; das Museum war für Renovierungsarbeiten geschlossen und soll in diesem Sommer wieder eröffnet werden*

39 Cava Marmi Galleria Ravaccione a Fantiscritti. Ein Ausflug in einen Steinbruch ist Teil jedes Bildhauerkurses – und auch sonst ein ehrfurchtgebietendes Erlebnis. Für 6 Euro geht es im Minibus ins Innere des weißen Berges, wo man durch kathedralengroße Abbauhallen wandelt. Unter Tage ist es auch im Sommer kühl; Jacke nicht vergessen! *Carrara, Loc. Miseglia, Fantiscritti 84, über Francesca Dell' Amico, Tel. mobil 339-765 74 70, www.marmotour.com; von April bis Okt. tägl. 14.30–18.30, im August 10.30–18.30 Uhr*

STUDIOS

Wer professionellen Bildhauern bei der Arbeit auf die Finger schauen möchte, kann dies in mehreren Studios in und um Pietrasanta tun.

40 Studio Pescarella. Die Berlinerin Lotte Thuenker hat ihre Karriere selbst mit einem Marmor-Workshop im Campo dell' Altissimo begonnen.

Die imposante Unterwelt im Steinbruch Cava di Fantiscritti ist kaum zu ahnen, wenn der Blick über die Berge Richtung Pietrasanta geht

Besucher führt sie – nach Anmeldung – gern durch die Bildhauer-Werkstatt, die sie gemeinsam mit zehn Kollegen aus den USA, Südkorea, Japan, Frankreich, Italien und den Niederlanden in einer früheren Sägerei betreibt. *Pietrasanta, Loc. Vallecchia, Via Pescarella 22, Tel. 0584-79 05 76, www.studiopescarella.com*

41 Studio Sem. Hier ließen schon Bildhauergrößen wie Henry Moore und Joan Miró ihre Modelle von heimischen Steinmetzen in Marmor umsetzen. Noch heute ist das in den fünfziger Jahren gegründete Studio ein wichtiger Anlaufpunkt für die internationale Bildhauer-Szene. *Pietrasanta, Via Tiro a Segno 4, Tel. 0584-79 07 33, www.studiosem.net*

ÜBERNACHTEN IN PIETRASANTA

42 Hotel Palagi. Preiswerter, allerdings von mäßigem Charme und an einer Hauptstraße gelegen. *Piazza Carducci 23, Tel. 0584-7 02 49, www.hotelpalagi.com; DZ/F ab 90 €*

43 Residenza Palazzo Visdomini Luxuriöse 4-Sterne-Suiten mit Kitchenette mitten in der Altstadt. *Via Stagio Stagi 83, Tel. 0584-7 04 79, www.residenzapalazzovisdomini.com; 1 DZ, 5 Suiten für 3–4 Personen; DZ/F ab 150 €, Suite/F ab 200 €*

44 Albergo Pietrasanta. Altehrwürdiges Haus mit eigener Kunstsammlung. *Via Garibaldi 35, Palazzo Barsanti Bonetti, Tel. 0584-79 37 26, www.albergopietrasanta.com; DZ/F ab 340 €, Nov. bis März geschl.*

ESSEN UND TRINKEN IN PIETRASANTA

45 Enoteca Marcucci
Als Grundlage für seine riesige Auswahl an Weinen kredenzt Michele Marcucci kreative Köstlichkeiten wie Perlhuhn mit Spargelsauce und Tomatensuppe mit frischem Tunfisch. *Via Garibaldi 40, Tel. 0584-79 19 62, Mo und mittags sowie im Nov. geschl.*

46 Ristorante Ancilla. Hier mischen sich süditalienische Einflüsse in die toskanische Küche. Das Ergebnis ist zu empfehlen: fischgefüllte Tortelli mit Orangensauce, Tunfischsteak auf Radicchio. *Via Stagio Stagi 22, Tel. 0584-7 00 10; normalerweise mittags und Mo oder Di geschl.*

BUCHTIPP

Michelangelo – Eine Biografie
Antonio Forcellino, Siedler, 24,95 €. Ein gut recherchiertes und spannend geschriebenes Buch über Leben und Leiden des größten Bildhauers aller Zeiten. Der Autor ist vom Fach: Renaissance-Forscher Antonio Forcellino ist Chefrestaurator der weltberühmten „Moses"-Statue in Rom. Auch Michelangelos abenteuerliche Reisen zu den Steinbrüchen bei Carrara und Pietrasanta schildert er detailreich.

GEOSAISON.de

Harte Schule. Tobias Zick erzählt über seine Erfahrungen beim Bildhauer-Workshop in Carrara: **www.geo-saison.de/marmor**

EIN HANG

Was verbindet den Verleger aus Westfalen mit der Winzertochter aus der Pfalz und dem Traum vom eigenen Weingut in der Toskana zu

VON **KLAUS SIMON** (TEXT) UND **FLORIAN JAENICKE** (FOTOS)

VIGNA PALATINA

MANCHMAL ist der Weg zum eigenen Weingut seltsam und lang. Der von Sabine Henrici führte sogar bis nach Usbekistan. Auf einer Reise entlang der Seidenstraße diskutierte die Ingenieurin für Weinbauwirtschaft mit Mitreisenden leidenschaftlich über Winzerei, bis ihr jemand die entscheidende Frage stellte: „Warum baust du eigentlich kein eigenes Gut auf?"

Die Frage traf Sabine Henrici 1998 wie ein Blitz. Nicht, dass es der Tochter aus einer Weinbauernfamilie bei Mainz an Mut gefehlt hätte: Sie kannte sich im Thema aus, hatte schon ihre Diplomarbeit über italienische Winzergenossenschaftskeller geschrieben und 1981 einen Conte, einen Grafen, geheiratet, dem sie auf sein Weingut nach Cerreto Guidi ins Chianti gefolgt war. Die Idee, selbst Wein herzustellen, war ihr aber bislang nicht gekommen. Stattdessen zog sie drei Kinder groß, machte den Sportbootführerschein zur See, ließ sich zur Reisekauffrau und später zur internationalen Vertragsrechtlerin ausbilden, arbeitete als vereidigte Übersetzerin und lernte Wünschelrutengehen. Erst nach der Rückkehr aus Usbekistan fand Sabine Henrici schließlich ihre eigentliche Berufung – Winzerin.

Als solide Basis dienten ihr sechs mit 50 Jahre alten Sangiovese-Reben bepflanzte Hektar. Weitere acht Hektar Land zwischen Cerreto und Vinci kamen hinzu, auf denen sie Sangiovese, Trebbiano und Canaiolo pflanzte. Sie hatte Glück: Die Preise für Weine aus dem Chianti stiegen in den neunziger Jahren, so konnten die Investitionskosten durch den Erlös der ersten Jahrgänge zwar längst noch nicht gedeckt, aber immerhin abgefedert werden. Ein guter Start für Vigna Palatina!

Der Name des Guts sei eine Reverenz an die Galleria Palatina in Florenz, erklärt Sabine Henrici. Die Kunstsammlungen im Palazzo Pitti gehen auf eine Schenkung der Medici-Fürstin Anna Maria Luisa im 18. Jahrhundert zurück, die mit Kurfürst Johann Wilhelm von der Pfalz verheiratet war, sozusagen einem Landsmann der Winzerin.

Vom Keller schweift der Blick über die Hügel nach Cerreto. Außer Stachelschweinen, die gelegentlich die Lehm-Mergel-Böden untergraben, gibt es keine direkten Nachbarn, „also auch keine Chemie, die rüberschwappt", sagt Sabine Henrici. Verlässlich vom Apennin wehende Winde halten Böden und Reben trocken und somit Pilze fern. Ideale Bedingungen, die der Winzerin halfen, sich für biologischen Anbau zu entscheiden: Ein Teppich aus Gras und Kräutern bedeckt den Boden zwischen den Reben, und vor jeder Rebenreihe steht ein Rosenstock. „Keine Dekoration", betont Sabine Henrici, „die Rosen zeigen früh Krankheiten an, die den Wein bedrohen." In solchen Fällen wird auf dem Gut mit der Hand statt mit der Spritze gearbeitet; Herbizide oder synthetische Fungizide sind tabu. „Bio macht natürlich mehr Mühe, aber auch mehr Spaß", sagt die Pfälzerin.

Dank gekühlter und dadurch verzögerter Gärung sind die Chianti fruchtig. Die Standardlinie wird im Edelstahltank ausgebaut. Eichenfässer kommen lediglich für die Riserva in Frage und das nur, wenn der Jahrgang die für die Prämiumlinie nötige Qualität aufweist. Beide Weine (die Etiketten ziert ein goldener, stilisierter Blitz, der an die Initialzündung in Usbekistan erinnern soll) kommen aber unprätentiös daher. „Ich mache Wein zum Trinken", sagt Sabine Henrici bescheiden und stapelt damit tief. 2007 wurde die Winzerin in den Verwaltungsrat des Consorzio Chianti aufgenommen. Und genau dieses Gremium wacht schließlich über die Qualität des Chianti.

47 Cerreto Guidi, Via Strognano 9, Tel. mobil 333-649 59 49, www.henrici.org; Besuche nur nach Voranmeldung und vorheriger Absprache. Kein Direktverkauf!

48 Enoteca Casa del Chianti, Montecatini Terme, Via Solferino 11, Tel. 0572-7 87 90. In dieser Weinhandlung bekommt man die Vigna-Palatina-Weine, Chianti 7 €, Riserva 8 €.

Unbehandelt und handverlesen: Auf Vigna Palatina werden aus Trauben Bioweine

ZUM GLÜCK

Landwirt aus Basel? Der Mut und die Leidenschaft, sich den
erfüllen. Zu Besuch bei drei Enthusiasten

Siegesstimmung im eigenen Weinberg: Nach anstrengenden Anfangsjahren hat Sabine Henrici Grund zum Jubel

Wenn es um Wein geht, macht Andreas März keine Kompromisse. Einfach und gut soll er sein, ohne modische Schnörkel, aber mit Charakter – ein bisschen wie sein alter Renault

Wahlheimat Toskana: Andreas und Eva März mit ihren drei Kindern vor dem Wohnhaus der Azienda. Auf seinem Gut arbeitet das Ehepaar nur mit heimischen Reben wie Sangiovese und Canaiolo (li.)

BALDUCCIO AZIENDA AGRICOLA BIOLOGICA

„**MEINE WEINPUBERTÄT** habe ich ausgelebt." Mit diesem Satz fasst Andreas März seine Anfänge in der Toskana zusammen. Mittlerweile lebt er fast 30 Jahre hier und ist als Winzer längst erwachsen geworden. 1979 zog der gebürtige Basler in die sanftgewellten Hügel von Montalbano, pflanzte die aus Frankreich stammende Rebsorte Cabernet an und baute seine Weine in Holz aus – genau wie viele seiner Winzerkollegen, die damals vom Erfolg der neuen toskanischen Weine profitierten. Solche Barrique-Weine sind März heute ein Gräuel. *Tre-bicchieri*-Weine nennt er die mit satten Holznoten veredelten Chianti in Anspielung auf das Bewertungssystem des Gambero Rosso, bei dem die drei Gläser für die höchste Punktzahl stehen.

„Es schmeckt mir alles zu gleich", fügt er hinzu, und erklärt, wo er heute angekommen ist: „Ich mache einen einfachen Wein." Wie einfach, oder besser, wie kompromisslos die Chianti der Balduccio Azienda Agricola sind, steht auf den Etiketten: „komplett ohne Korken" (auf diese verzichtet März wegen immer häufiger auftretender Probleme), „ohne Holz" (vulgo Barrique), „ohne Cabernet und Merlot" (was als Absage an die Supertuscans zu verstehen ist, jene satten im Holz ausgebauten Cuvées aus nicht-toskanatypischen Reben, die bis Ende der neunziger Jahre einen Wein-Boom in der Region auslösten) und natürlich „ohne Holzchips oder Tricks" (eine Kritik an den Möglichkeiten der Moderne). Winzerkollegen aus der Nachbarschaft behaupten, Andreas März sei *testardo*, habe einen eigenen Kopf. Was ihn wiederum freut.

März, Kennzeichen üppiger Schnauzbart und Halstuch, ist stolz darauf, Winzer zu sein. Nach dem Studium der Landwirtschaft in Zürich fuhr er ab Mitte der siebziger Jahre mit seiner Frau Eva so oft wie möglich in die Toskana. Von Jahr zu Jahr wuchs der Wunsch, für immer zu bleiben. Er ging in Erfüllung, als die beiden die Balduccio Azienda Agricola etwas außerhalb von Lamporecchio entdeckten: ein kleines Weingut auf halber Strecke zwischen Florenz und Lucca, an der Weinstraße des DOCG Chianti Montalbano mit 1,7 Hektar Reben und 15 Hektar Oliven, dazu ein etwas heruntergekommenes Haus. Die beiden Schweizer packten bei der Sanierung selbst an, was ihnen den Respekt der Nachbarn einbrachte. Aber sie steckten auch herbe Rückschläge ein: Wie frostig der Süden sein kann, erfuhr Andreas März im Katastrophenwinter 1985. Fast alle seine Olivenbäume sind damals erfroren. Die Entscheidung, in die Toskana überzusiedeln, hat das Paar dennoch nie bereut. Mittlerweile studiert der 25-jährige Sohn Adrian Landwirtschaft und soll später einmal den Betrieb übernehmen.

Gearbeitet wird auf der Balduccio Azienda Agricola fast ausschließlich von Hand, angefangen vom Stutzen der an langen Holzpfählen befestigten Reben bis zur Lese. Andreas März pflanzt nur einheimische Sorten wie Sangiovese und Canaiolo an – letztere ist wegen des späten Austriebs wenig frostgefährdet. Die Weine sind im Vergleich zu den wuchtigen Supertuscans von hellerem Rot, geradlinig – und widersprechen den Erwartungen vieler Kunden, die nach Opulenz und schwarzroten Tropfen verlangen. „Fragen Sie mal meine Frau, ob ich marktgerechte Weine produziere", sagt der Winzer. Da lacht Eva März.

Aus seinen Ansichten macht der Weinbauer kein Geheimnis. Im Gegenteil, Anfang der neunziger Jahre gründete er „Merum – Die Zeitschrift für Wein und Olivenöl aus Italien". Chefredakteur ist er selbst, und berühmt-berüchtigt sind seine Editorials, in denen er deutliche Worte nicht scheut und sich vehement für einheimische Rebsorten und Kellertechniken einsetzt. Der sogenannte Montagstreff des Magazins ist längst legendär, an dem im Hof der Azienda Woche für Woche italienische Weine verkostet werden. Zu diesen reicht Eva März im Holzofen gebackene Brote und Pizzen. Nicht weniger als 52 Flaschen wurden bei einem der letzten Treffen geöffnet. Ein Chianti von März war nicht dabei. Das versteht sich für den Winzer wie für den „Merum"-Chefredakteur von selbst.

49 *Lamporecchio, Loc. Balduccio, Fax 0573-8 00 07, www.balduccio.it; „Marzenostrane" Toscano IGT 7,50 €, Olivenöl 0,5 Liter 13 €. „Merum"-Montagstreff Ostern–Mitte Okt. 14–18 Uhr mit Verkostung, für Abonnenten 10 € , für Freunde 25 €; www.merum.info*

Großfamilie auf der Fattoria: Conrad M. Schmitt (im 2. Fenster v. li.) hat das Gut an Tochter Vicky und Schwiegersohn Guido (vorn) übergeben, Enkelin Greta fasst schon Fuß auf einem der Barrique-Fässer, die im Keller lagern

FATTORIA LE FONTI

IDYLLISCH schmiegt sich die Fattoria Le Fonti in eine Senke unterhalb von Panzano. Für Kenner des Chianti Classico hat das Weingut trotz seiner Lage einen kleinen Makel: Es liegt nicht in der „goldenen Muschel," der sonnenverwöhnten Südseite des Dorfs, die als Spitzenlage von Panzano gilt. Conrad M. Schmitt kaufte die Fattoria Le Fonti 1993 dennoch. Für den Verleger der „Frankfurter Börsenbriefe" und Nebenerwerbshotelier aus Detmold war die Erfüllung seines Traums vom neuen Leben in der Toskana wichtiger als das kleine Manko der 1b-Lage. Und die Zeit sollte für ihn arbeiten: Heute, 15 Jahre später, gleichen ungewöhnlich heiße Sommer den Standortnachteil aus. Die Winzerkollegen in der „goldenen Muschel" kämpfen zunehmend mit der Trockenheit im Weinberg. Die meisten Lagen der Fattoria Le Fonti bleiben hingegen von der sengenden Hitze verschont.

Als Conrad M. Schmitt das 15 Hektar große Anwesen übernahm, ließ er die Rebenflächen mit Sangiovese, dazu ein bisschen Cabernet und Merlot, neu bepflanzen. Im Keller beschränkte sich der Deutsche auf einen im Barrique ausgebauten Chianti Classico Riserva und den Supertuscan „Fontissimo". Der Erfolg ließ nicht lange auf sich warten: Von der Zeitschrift „Alles über Wein" wurde Schmitt 2002 für seinen Chianti Classico zum Winzer des Jahres gekürt, das „Decanter Magazine" lobte seine Tropfen in hohen Tönen, die „Frankfurter Allgemeine Zeitung" und sogar die „Los Angeles Times" berichteten. Gute Nachrichten kamen zudem aus der Familie: Tochter Vicky absolvierte in Frankreich das Studium der Volkswirtschaftslehre, machte in Großbritannien ihren Master in Südostasiatischer Wirtschaftskunde und entschied sich dann doch für Italien, wo sie inzwischen in die Fußstapfen ihres Vaters tritt.

„Ich habe es auf Anhieb geschafft, zwei Fässer zu Essig zu machen", erinnert sich Vicky an den ersten eigenen Jahrgang 2000. Doch sie hat schnell gelernt, nicht zuletzt dank ihres Mannes: Guido ist mit Wein aufgewachsen, sein Cousin hat ein Gut bei Panzano. Zudem belegte die Jungwinzerin an der Technischen Hochschule im schweizerischen Wädenswiel Kurse über Rebpflege und Kellertechnik, und wie schon dem Vater steht auch dem jungen Ehepaar der Önologe Stefano Chioccioli beratend zur Seite. Vor 15 Jahren zählte die Fattoria Le Fonti zu den ersten Weingütern, die Chioccioli betreute. Längst ist aus ihm ein Shootingstar der Branche geworden. So konnte sich Conrad M. Schmitt beruhigt aus dem Tagesgeschäft zurückziehen.

Die Palette der Riserva und Supertuscans haben Vicky und Guido um einen im 500-Liter-Fass ausgebauten Chianti Classico und einen Rosé erweitert. Zu den Klängen von Radio Toscana Classica experimentiert Guido mit Edelstahltanks, die zwischen 34 und 79 Hektoliter fassen. Jede geerntete Parzelle wird in den relativ kleinen Tanks einzeln vergoren. Durch eine erste bei 14 bis 15 Grad Celsius gekühlte Gärung verbrennt der Zucker langsamer, der Wein gewinnt an Frucht. Guidos neues Credo heißt Mikrooxidation: „Wir geben Sauerstoff in winzigen Bläschen am Ende der Gärung hinzu. Das öffnet den Sangiovese und erhält ihm die tiefrote Farbe", erklärt er begeistert.

Conrad M. Schmitt sieht die Veränderungen gelassen: „Ich bin froh, einmal ein Weingut ganz neu aufgebaut zu haben."

50 *Panzano in Chianti, Loc. Le Fonti, Tel. 055-85 21 94, www.fattorialefonti.it; Mo–Fr 10–12, 14–18 Uhr, Sa, So auf Anfrage; Rosato 5 €, „Vigna della Lepre" IGT 5 €, Chianti Classico DOC 10 €, Chianti Classico Riserva DOC 15 €, „Fontissimo" IGT 18,50 €*

Reif für die Ernte? Jungwinzerin Vicky Schmitt-Vitali misst mit dem Refraktometer das Mostgewicht der Trauben, das entscheidend für den Alkoholgehalt des Weines ist

7 GÜTER FÜR GENIESSER

PODERE IL CARNASCIALE

Eines der kleinsten und zugleich renommiertesten Weingüter der Toskana. Bettina Rogosky erhielt für ihren Caberlot bereits 2003 20 von 20 möglichen Punkten im Guida de L'Espresso. Ihr Caberlot ist eine Kreuzung zwischen Cabernet Franc und Merlot. Das Weingut Podere il Carnasciale ist weltweit das einzige, das diese Rebsorte anbaut. 18 Monate bleibt der Wein im Barrique, bevor er in die Flasche kommt. Preis einer Magnumflasche – zwischen 230 und 280 Euro.

51 *Mercatale Valdarno, Loc. Podere Il Carnasciale, Tel. 055-991 11 42; IGT Rosso Caberlot*

LA BRANCAIA

Das Weingut im Chianti Classico ist seit 1981 im Besitz der Familie Widmer und wird von der Önologin Barbara Kronenberg-Widmer geführt. Beratend zur Seite steht ihr Carlo Ferrini, ein Star der Branche. Der Spitzenwein „Il Blu", ein IGT Rosso di Toscana, wird in London ebenso wie in New York geschätzt. Ein zweites Brancaia-Weingut liegt in der Maremma.

52 *Radda in Chianti, Loc. Poppi, Tel. 0577-74 20 07, www.brancaia.com; Chianti Classico, IGT Rosso di Toscana, Grappa, Olivenöl*

FATTORIA TERRABIANCA

Vor 20 Jahren entschloss sich Roberto Guldener, sein Modegeschäft in Zürich zu verkaufen und Winzer zu werden. Terrabianca zählt heute zu den führenden Weingütern im Chianti. Guldener gehört mit Il Tesoro noch ein Weingut samt Hotel in der Maremma (s. Poster Nr. 155)

53 *Radda in Chianti, Loc. San Fedele a Patermo-Vagliagli, Tel. 0577-5 40 29, www.terrabianca.com; IGT Campaccio, Chianti Classico „Scassino", auch als Riserva „Croce", IGT Fior di Fino, Grappa, Olivenöl*

AZIENDA VINICOLA VIGNANO

Fritz Croissant, gelernter Banker, gehört zu den Pionieren unter den deutschen Biowinzern. Im pfälzischen Edenkoben leitete der Winzersohn von 1976 bis 1985 eines der ersten ökologisch bewirtschafteten Weingüter. Mitte der achtziger Jahre verwirklichte er mit dem Kauf und der Renovierung des Weinguts Vignano (10,5 Hektar Reben Sangiovese und Trebbiano) seine Idee, im Herzen der Toskana Topweine organisch-biologisch zu produzieren.

54 *Marcialla, Loc. Vignano 304, Tel. 0571-6 61 91, www.bioweine-croissant.com; IGT Bianco, Rosso, Rosato, Chianti*

GAGLIOLE SOCIETÀ AGRICOLA INC.

Den Schweizer Besitzern Monika und Thomas Bär-Bettschart steht als Önologe Stefano Chioccioli (siehe Villa Le Fonti, S. 82) zur Seite. Die Qualität der Weine ist entsprechend hoch – die kraftvollen, klar strukturierten Supertuscans erhalten regelmäßig höchste Auszeichnungen.

55 *Castellina in Chianti, Loc. Gagliole 42, Tel. 0577-74 03 69, www.gagliole.com; Roter, im Barrique ausgebauter IGT Colli della Toscana Centrale „Gagliole" aus Sangiovese und Sauvignon, 100% Sangiovese IGT Colli della Toscana Centrale „Pecchia", IGT Toscana Gagliole Bianco, Chianti Classico „Rubiolo", Grappa, Olivenöl*

FATTORIA NITTARDI

Zwölf Hektar Weinberge, Olivenhaine und 100 Hektar Wald – idyllisch inmitten eines Jagdschutzgebietes gelegen: Der Kunstverleger Peter Femfert war begeistert, als er 1979 das Weingut acht Kilometer von Castellina entfernt im Chianti entdeckte. Seit Anfang der achtziger Jahre entwirft alljährlich ein renommierter Künstler das Etikett und das dazugehörige seidene Einschlagpapier für die Weine des Guts, darunter Größen wie Alfred Hrdlicka, Friedensreich Hundertwasser, Horst Janssen und Elvira Bach. Das Weingut leitet heute Femferts Frau Stefania Canali.

56 *Castellina in Chianti, Loc. Nittardi, Tel. 0577-74 02 69, www.stefania-canali.de; Chianti Classico, Chianti Classico Riserva, IGT Maremma Toscana, Grappa, Olivenöl*

TENUTE LOACKER CORTE PAVONE

Auch nach zwölf Jahren in der Toskana ist Rainer Loacker durch und durch Südtiroler geblieben. Die Entscheidung, sich bei Montalcino niederzulassen, fiel für den gebürtigen Bozner auf einer Radtour durch die Toskana. Loacker ist ein Pionier des biodynamischen Weinanbaus. Er verzichtet konsequent auf Chemie. Schädlinge bekämpft er mit homöopathischen Präparaten. Weitere seiner Weingüter sind Valdifalco in der Maremma und Schwarhof bei Bozen in Südtirol.

57 *Montalcino, Loc. Corte Pavone, Tel. 0577-84 81 10, www.loacker.net; Brunello di Montalcino, Rosso di Montalcino DOC, Levante IGT aus Merlot und Cabernet Sauvignon, Dessertwein Rosa dei Venti, Grappa*

BESUCH NUR NACH VORANMELDUNG

Sie macht den Wein, er managt das Gut: Barbara und Martin Kronenberg-Widmer führen La Brancaia im Herzen des Chianti Classico (l.) als Familienbetrieb

Jetzt im Handel
Weil man nicht immer eine Münze werfen kann: Wie Sie besser entscheiden.
Kolle Rebbe
Weitere Themen
Olympia
Wie die ältesten Spiele ein Land erneuern.
Angkor
Die Urstadt im Urwald.
USA-Serie, Teil 2
Kaliforniens Ritt auf der grünen Welle.
GEO
USA-Serie, Teil 2:
In Kalifornien entdeckt Amerika ein exotisches Thema: Umwelt
08 | August 2008
DAS NEUE BILD DER ERDE
www.geo.de
Die Psychologie der
Entscheidung
Das Geheimnis der guten Wahl
Staaten-Diener
Birma, ein Drama
Chinas Olympiade
Prag, August '68
www.geo.de
GEO. Die Welt mit anderen Augen sehen

Essen ist fertig!

Selber kochen ist schön und gut, doch wer sich in der Toskana nicht an den gedeckten Tisch setzt, verpasst einiges. Ob raffinierte Kreationen oder bodenständige *cucina casalinga*: GEO SAISON empfiehlt die besten Restaurants zwischen Florenz und Spoleto

FLORENZ

58 Boccanegra
Fast hätte man geglaubt, dass in den touristisch ausgereizten Gassen um Santa Croce günstige, traditionelle Osterien ausgestorben seien – wäre da nicht das „Boccanegra“: schlichte Holztische mit Kerzen, reelle Preise, alles wie es sein soll in einer Osteria. Und das gilt nicht zuletzt für die Küche, die so vielseitig wie köstlich ist. Mittags kann man sich mit ein wenig Schinken aus Norcia und einer Pizza begnügen, abends kommt dann zum Beispiel eine ausgezeichnete *bistecca alla fiorentina* auf den Tisch. Die Weinkarte (eine Auswahl offene Weine per Glas) ist klug und äußerst sachkundig zusammengestellt – das „Boccanegra“ versteht sich auch als Enoteca. *Via Verdi 27r, Tel. 055-200 10 98, www.boccanegra.com; So geschl.; Pizza ab 5 €, Hauptgericht ab 10 €*

59 Gustavino
Enoteca con cucina, „Weinlokal mit Küche“, nennt sich das nur wenige Schritte von der Piazza della Signoria entfernt gelegene Lokal. 800 verschiedene Weine stehen im Angebot des stilvoll designten Restaurants. Die Küche kann mit dieser grandiosen Auswahl durchaus mithalten. Mit Sepia schwarzgefärbte Tagliatelle in einer Seeigelsauce, Hirschkarree mit Peperoni-Sauce und Knoblauchcreme oder Tunfisch mit gegrilltem Gemüse kommen sorgfältig und modern zubereitet auf den Tisch. Dieser ist übrigens aus Glas und bildet mit den Edelstahlstreben der Küche und den Stühlen aus Aluminium einen gelungenen Kontrast zum immens hohen Steingewölbe des Saals. Sehr freundlicher, entspannter Service. *Via della Condotta 37r, Tel. 055-239 98 06, www.gustavino.it; Mo–Fr mittags geschl.; Hauptgericht ab 14 €*

Heilig, nicht eilig: Im „Il Santo Bevitore“ zählen Genuss und Muße

60 Il Santo Bevitore
Ein junges, unkompliziertes Lokal ganz nach dem Geschmack der Klientel im trendigen Oltrarno, dem Viertel am linken Ufer des Arno. Hierher kommt man zwischendurch auf ein Glas Wein und einen Teller *salumi*, trifft sich mittags auf einen Risotto oder eine Pasta im großen Saal, abends auf eine Entenbrust in Orangensauce oder auch wieder nur auf ein Glas Wein. Das „Il Santo Bevitore“, „Der heilige Trinker“, bietet eine kleine, feine Auswahl offener Weine, und eine stattliche Liste von Flaschenweinen nicht nur aus der Toskana. *Via Santo Spirito 64/66r, Tel. 055-21 12 64; So Mittag und 2.–3. Augustwoche geschl.; Hauptgericht ab 8,50 €*

61 Baccarossa
„Bei deinem Können solltest du ein Restaurant aufmachen!“ Diesen Rat seiner Freunde hat Claudio Nardello vor zwei Jahren befolgt. Heute zählt sein Fischrestaurant zu den Top Ten der florentinischen Lokale – nicht zuletzt wegen Claudios ausgezeichneter Sardellenröllchen *a beccafico* (in Essig mariniert, mit Lorbeer, Petersilie und Knoblauch gewürzt, dann paniert und gebraten). Das Ambiente im „Baccarossa“ ist gemütlich, fast intim. Man fühlt sich, als sei man bei Freunden eingeladen. *Via Ghibellina 46r, Tel. 055-24 06 20; mittags geschl.; 3-Gänge-Menü im Bistro ab 38 €, im Restaurant ab 50 €, jeweils ohne Getränke*

62 La Fondue
Die Massen an Nippes aus buntem Glas hat Giuseppe Mazzingo Donati auf Flohmärkten und Wühltischen gesucht und gefunden. Dieser Edel-Kitsch, so auch der Beiname des Restaurants, steht in bewusstem Kontrast zur einfachen Speisekarte. Einmalig in Italien: Hier gibt es nur Fondue – das aber in zahlreichen Variationen: Käse, Fleisch, Fisch (auf Bestellung), in Öl oder Brühe am Tisch gegart, dazu selbstgemachte Saucen und Beilagen. Zum Dessert wird frisches Obst am Tisch in heiße Schokoladensauce getunkt. *Via della Fonderia 1r, Tel. 055-228 60 06; Mo, mittags sowie im Juli und August geschl.; Fondue ab 35 € inkl. Wein*

63 Sott'Acqua
Nicht jeder kann es sich leisten, im edlen Fischlokal „Fuor d'Acqua“ zu speisen, deswegen hat der Besitzer nebenan eine zwar spartanisch eingerichtete, dafür aber günstige Dependance eröffnet. Was die Qualität der Speisen angeht, werden im Sott'Acqua allerdings keine Konzessionen

Vogelperspektive auf Fischspezialitäten: Blick vom Obergeschoss des „Kome" auf die Sushi-Theke im Parterre

gemacht. Die Küche ist vorzüglich, angefangen bei den Antipasti wie Tatar aus Stockfisch, über die *primi* wie Pasta mit rotem Hummer bis hin zu den Hauptgerichten wie dem Fischeintopf *tegamaccio*. *Via Pisana 9c, Tel 055-233 71 09; Mo sowie im August geschl.; Menü inkl. Wein ca. 35 €*

64 I Ragazzi di Sipario

Heiter und gelöst ist die Atmosphäre in der ersten Trattoria Italiens, die von Menschen mit geistigem Handicap geführt wird. Schmackhafte Hausmannskost zu bescheidenen Preisen steht hier auf der Karte. Mithilfe einer Profiköchin bereiten die jungen Leute die Gerichte zu und servieren sie selbst unter Aufsicht der Betreuer. Das Menü wechselt täglich und bietet stets drei *primi* und drei Hauptgerichte zur Auswahl. *Via dei Serragli 104, Tel. 055-228 09 24 oder mobil 328-177 57 84; Mo–Fr abends, Sa Mittag, So sowie im August geschl., Sa Abendessen mit Programm nur nach Reservierung; Menü mittags 6–10 €, abends ca. 25 € inkl. Getränk*

65 Kome

Die genussverwöhnten Toskaner sind Traditionalisten, was das Essen betrifft. Dennoch ist es dem japanischen Restaurant „Kome" auf Anhieb gelungen, alle Ressentiments gegenüber fremdländischer Küche vergessen zu machen. Das liegt sicherlich zum Teil an der meisterhaften Inneneinrichtung, einer gelungenen Mischung aus toskanischer Renaissancebaukunst und minimalistischem Design aus Fernost. Doch vor allem die Küche überzeugt: Das „Kome" demonstriert eindrucksvoll, wie vielfältig japanisches Essen sein kann. Im Erdgeschoss werden an einer Lacktheke mit rundlaufendem Transportband kreative Sushi-Spezialitäten aus frischem Fisch und Gemüse serviert, im Stock darüber gibt es *yakiniku*, Fisch- und Fleischspezialitäten, die am Tisch gegrillt werden. *Via dei Benci 41r, Tel. 055-200 80 09, So geschl.; mittags Sushi-Menü ab 15 €, mehrgängiges Yakiniku-Menü 36 €, Getränke exkl.*

66 Rossini

Ein guter Koch sollte mit einer Handvoll Zutaten auskommen, sagt Andrea Mazzoni. Er selbst hat sich mit dieser Haltung in nur vier Jahren einen Michelin-Stern erkocht. Wesentlich für den gebürtigen Florentiner sind frische Zutaten, Gemüse der Saison, heimische Kräuter und das richtige Quäntchen Mut zu ungewöhnlichen Kombinationen – wie dem Risotto mit Kastanienhonig oder den in Trüffelbrühe gegarten Maronenchips. Dazu wird selbstgebackenes Brot serviert. In einem Stadtpalast aus dem 14. Jahrhundert gelegen, besticht das „Rossini" nicht nur bei der Küche durch Eleganz. Im Gewölbekeller lagern 1500 Spitzenweine, der Service ist erstklassig, und wer möchte, kann den Abend an einer gut sortierten Whiskybar beenden. *Lungarno Corsini 4, Tel. 055-239 92 24; Mi geschl.; 5-Gänge-Menü ab 82 €*

NORDEN

67 Il Baghino

Wer gern einmal *sedano alla pratese*, frittierte Sellerieherzen auf Hackfleisch-Toma- →

tensauce, probieren möchte, muss ins „Baghino" gehen. Denn diese hochherrschaftliche Speise aus dem Prato des 14. Jahrhunderts findet sich nur noch im ältesten Restaurant der Stadt, das seit 1870 von Familie Pacetti geführt wird. Hier stehen noch lokale Spezialitäten auf der Karte, die anderswo schwer zu finden sind, etwa *farinata con cavolo nero*, ein Püree aus Bohnen und Hartweizenmehl mit Schwarzkohl, oder die delikate, mit Birnen gefüllte Bitterschokoladentorte. *Prato, Via dell'Accademia 9, Tel. 0574-279 20; So, Montag Mittag und im August geschl.; Menu inkl. Wein ab 35 €*

68 Locanda di Nemo

Diese Art von Restaurant trifft genau den Geschmack der an gute Küche gewöhnten Toskaner: idyllisch vor den Toren von Florenz an einem kleinen See gelegen, rustikal eingerichtet und mit typisch toskanischer Speisekarte, auf der sich zudem, nicht nur fürs Kinderglück, die Holzofen-Pizza findet. Geführt wird das Haus vom eloquenten Chef Carlo Paoli, der sich selbst als Gourmet, Freidenker und Wirt aus Leidenschaft bezeichnet. Seinen Menüvorschlägen kann man getrost vertrauen und bekommt dann zum Beispiel Tortelli mit Kartoffelfüllung und Entensauce und anschließend eine drei Finger dicke *bisteca alla fiorentina* mit weißen Bohnen serviert. Ein mehrgängiges Essen kostet ab 25 Euro, den Wein ausgenommen, denn da findet sich unter 15 000 Flaschen garantiert die richtige für jeden Geschmack und Geldbeutel. *Vicchio, Lago della Baldracca, Tel. 055-84 45 03*

Kichererbsen und ein Lächeln: Mit beidem kocht Alessanda Fiorani im „Boccon Di Vino" ihren Stockfisch mit Safran

CHIANTI

69 Osteria Caffè del Popolano

Die Fassade von 1900, davor ein paar Marmortische – vom Corso aus betrachtet wirkt das „Caffè" wie ein französisches Bistro. Innen hingegen genießt man in zwei Sälen die Küche der Gegend um Florenz. Wie die Gerichte entstehen, lässt sich vom hinteren Saal aus mitverfolgen, durch eine Glasscheibe blickt man direkt in die Küche, in der die beiden Köche Giovanna und Andrea frohgemut ans Werk gehen. Köstlich als Antipasto ist der Birnensalat mit Gorgonzola, unverwüstlich gut sind die Pasta-Gerichte und *secondo*-Klassiker vom *ossobuco alla chiantigiana*. Eine weitere Delikatesse: die Lammkoteletts in Vin Santo. Und zum Abschluss? Eine *crème brûlée* – womit es dann doch ein Hauch von Bistro bis an den Tisch geschafft hätte. *San Casciano Val di Pesa, Via N. Machiavelli 34, Tel. 055-822 84 05; Mo, mittags sowie 2. Januarwoche bis Anf. Feb. geschl.; Hauptgericht ab 7 €*

70 Boccon di Vino

Alles begann mit einer einfachen Pizzeria am Ortsrand von Montalcino. Weil ihm der Blick von der Terrasse über die Weinberge des Brunello begeisterte, eröffnete Mario Fiorani hier sein Restaurant – quasi aus einer Laune heraus. 16 Jahre später ist das „Boccon Di Vino" zur besten Adresse des an Restaurants nicht armen Winzerstädtchens geworden. In der Küche steht inzwischen Mario Fioranis Tochter Alessandra, während sich ihre Schwester Marina um den Service kümmert. Wenn die Tage kühler werden und man lieber im Panoramasaal statt auf der Terrasse sitzt, ist die Zeit reif für edle Wildgerichte. Köstlich: das Hirschkarree in Honig mit Trockenfeigen und Maronenpüree. Ein passender Rosso di Montalcino oder Brunello findet sich immer, denn die Weinkarte ist reich bestückt. *Montalcino, Loc. Colombaio Tozzi 201, Tel. 0577-84 82 33; Di geschl., im Sommer mittags nur nach Anmeldung; Hauptgericht ab 18 €*

71 Il Palazzetto

Die Dorftrattoria liegt in einer wenig besuchten Region der Toskana in der Nähe der imposanten Kirchenruine San Galgano. Die Speisekarte bietet keine Überraschungen, sondern folgt der örtlichen

Tradition: Wildschwein-Pasta, die Tomatencreme *pappa al pomodoro*, Lamm, Kaninchen, Huhn und Holzofen-Pizza. Alles wird liebevoll und aus guten Zutaten gekocht, und die Preise sind angenehm bescheiden. *Chiusdino, Loc. Palazzetto, Via Palazzetto 61–63, Tel. 0577-75 11 60; Mi geschl.; Hauptgericht ab 7,50 €*

72 Spirito di Vino
Das Lokal liegt in einem ehemaligen Weinladen, und noch immer spielt der Wein hier die Hauptrolle. Das sagt schon der Name, ein Wortspiel zwischen „Geist des Weins" und „göttlicher Geist". Doch auch die Küche, vorwiegend kleinere Gerichte in bester toskanischer Tradition, kann sich sehen lassen. Sehr gut sind der Antipasti-Teller mit Fenchelsalami, Schinken und Speck, die Brot-Gemüsesuppe *ribollita*, die Dinkel-Bohnensuppe und die sorgfältig ausgewählte Käseplatte. Angenehmer Service und entspannte Atmosphäre. *Cetona, Via Pavoncelli 7, Tel. 0578-23 80 05; mittags (außer Sa und So) sowie Di geschl.; Hauptgericht ab 5 €*

73 Osteria La Porta
Die freundliche Trattoria ist zugleich Weinstube und Bar. Auf den Tisch kommen toskanische Klassiker wie Kichererbsensuppe, Kaninchen und Lamm, aber auch ein guter Safranrisotto oder Pasta mit Perlhuhn und Gemüse. Die Panoramaterrasse bietet eine fantastische Aussicht auf den Vulkankegel des Monte Amiata. In der Saison unbedingt reservieren, das Lokal ist ein beliebtes Ausflugsziel und hat viele Stammgäste! *Monticchiello, Via del Piano 3, Tel. 0578-75 51 63; Do sowie die letzten 3 Januarwochen und eine Woche im Juni geschl.; Hauptgericht ab 10 €*

SÜDEN

74 Buca di San Lorenzo – Da Claudio
Für ein Restaurant, das seinen Platz in einer 400 Jahre alten Stadtmauer gefunden hat, ist die Küche des „Buca di San Lorenzo" unerwartet modern. Auf der Karte stehen fast ausschließlich Fischgerichte, Chef Claudio achtet beim Einkauf sorgfältig auf Frische und erstklassige Qualität. Große Auswahl an Antipasti und *primi*, die Pasta kommt in zahlreichen Varianten auf den Tisch, mit Rotbarbenfilets, Sardellen und Pinienkernen oder mit Muscheln und Brokkoli. Als Dessert zu empfehlen: die mit Cognac aromatisierte Ricottamousse. *Grosseto, Viale Manetti 1, Tel. 0564-2 51 42; So, Mo sowie die letzten 2 Wochen im Jan. und die ersten beiden im Juli geschl.; Hauptgericht ab 13 €*

OSTEN

75 L'Acquolina
Die Anfahrt ist ein kleines Abenteuer: Zu dem stilvoll restaurierten Bauernhaus führt eine holprige, staubige Straße. Einmal angekommen, sitzt man dort wunderbar auf der Terrasse oder im Garten, genießt die ländliche Stille und den Blick übers Arno-Tal zu den Chianti-Bergen. Die Küche setzt vor allem auf erstklassige Qualität der Zutaten. Vieles – auch der angenehme Hauswein – kommt vom benachbarten Bauernhof, einige Nudelsaucen sind mit selbst gesammelten Wildkräutern gewürzt. *Terranuova Bracciolini, Loc. Paterna (an der Straße Loro Ciuffenna–Arezzo, 6 km vor S. Giustino Valdarno rechts), Via Setteponti 72, Tel. 055-97 75 14; mittags (außer So) und Mo, Di geschl. sowie 2. Augusthälfte; Hauptgericht ab 9 €*

76 Galeffi
Wer aus Montevarchi kommt, kennt diesen Namen. Er gehört einer Apotheke, die ihre eigenen Hausmittelchen herstellte und damit ein Vermögen verdiente. Das ist allerdings lange her. Ein junger Spross der Familie hat jetzt aus der ehemaligen Produktionsstätte ein angesagtes Loftrestaurant gemacht, in dem alles einen Hauch von *vintage* besitzt: der lange Marmortisch in der Mitte, die Blumenvasen aus Apothekerglas und in gewisser Weise auch die Speisekarte, die auf Altbewährtes setzt: Serviert wird *bistecca alla fiorentina*, *baccalà alla Livornese*, ein deftiges Stockfischgericht, und manchmal sogar *fegato alla veneziana*, Leber nach venezianischer Art. *Montevarchi, Via Ammiraglio Burzagli 39, Tel. 055-985 03 84; Mo geschl.; Hauptgericht ab 14 €*

WESTEN

77 78 Ristorante Il Canovaccio
So elegant wie das Bed & Breakfast von Laura und Davide d'Onofrio im mittelalterlichen Herzen des kleinen Städtchens Campiglia Marittima ist auch ihr Restaurant. Kristalllüster, ein verwaschenes Fresko und alte Deckenbalken kontrastieren mit modernen, schmiedeeisernen Stühlen. Die Küche ist frisch und schnörkellos. Es gibt *paté di fegato*, eine Geflügelleberpastete, die mit Brioche und Feigenmus serviert wird, Fischravioli mit Lorbeer und bei den Süßspeisen eine Bavarese mit Moscato. Gekocht wird ausschließlich mit Produkten des Val di Cornia und der Maremma. Im Sommer ist die zauberhafte Terrasse, die sich wie ein Balkon über einer Piazza erhebt, ein himmlisch kühles Örtchen. *Campiglia Marittima, Via Vecchio Asilo 1, Tel. 0565-83 84 49, www.locandailcanovaccio.com; mittags und Jan./Feb. geschl.; Menü ab 35 €; Bed and Breakfast: 2 Zimmer, 1 Suite; DZ/F ab 90 €* →

Alte Mauern, neue Möbel, moderne Küche: Stilmix im „Il Canovaccio"

79 Il Cucciolo
Die Wände zieren zahlreiche Bilder, in den Regalen stehen hunderte von Weinflaschen, und auf den Tisch kommen fast vergessene Gerichte mit kräftigen, herzhaften Aromen wie die *pasta al mucco pisano* mit Rindfleischsauce, die *trenette alla renaiola* mit Rüben und gepökeltem Hering oder der Tintenfisch mit Mangold. Als *dolci* locken Ricotta- und Kastanientorte. Gemütliche Trattoria-Atmosphäre und sehr moderate Preise. *Pisa, Vicolo Rosselmini 9, Tel. 050-2 60 86; So Abend geschl.; Hauptgericht ab 8 €*

80 Il Fantasma dell'Opera
Die zahlreichen Autogrammfotos an den Wänden beweisen es: Das „Phantom der Oper" ist das Lieblingslokal von Schauspielern und Sängern, die im benachbarten Teatro Verdi auftreten. Dabei ist das freundlich geführte Restaurant alles andere als ein Ort zum Sehen und gesehen werden. Die Einrichtung ist rustikal, die Atmosphäre lässig. Der Küchenchef wartet mit schmackhaften regionalen Gerichten auf: Tagliatelle mit Steinpilzen, Ravioli mit Kürbisblüten, vorzügliches Rindersteak mit Rucola und Parmesan. Vorwiegend jüngeres Publikum. *Pisa, Via Palestro 20, Tel. 050-54 24 02; Mi u. So mittags geschl.; Hauptgericht ab 12 €*

81 Enoteca Bibere
Osteria, Weinstube, Spezialitätengeschäft – das kleine Lokal ist vielseitig. Wirt Dario Italiano beglückt seine Gäste abends mit vegetarischen Antipasti wie Blätterteigröllchen und Crostini mit Kichererbsenmus und wenigen, dafür ausgesuchten Speisen, die sich nach der Jahreszeit richten wie zum Beispiel das Schweinefilet von der edlen Rasse *cinta senese* in Weinmost. Sehr gefragt sind die raffinierten Desserts der Signora Rita, besonders ihr heißer Schokoladenflan. Große Auswahl an Weinen, herzliche Atmosphäre. *Montescudaio, Via della Libertà 59 a, Tel. 0586-65 19 51; Mo geschl. sowie Nov. bis Ostern; 4-Gänge-Menü ab 35 €*

Kultivierte Wolfshöhle: Die „Taverna del Lupo" in Gubbio ist legendär

UMBRIEN

82 83 L'Antico Forziere
Drei Brüder und ihre „alte Schatztruhe" – das klingt wie im Märchen und ist in der Realität eine Erfolgsgeschichte: Die Zwillinge Stefano und Andrea Rodella (27) stehen am Herd, der große Bruder Samuele (30) kümmert sich um den Service. Womit das Erfolgsrezept des Restaurants im Wesentlichen verraten wäre. Bei ihren Lehrmeistern zwischen dem Elsass und der Toskana wurden die ausgebildeten Köche Stefano und Andrea dazu inspiriert, die rustikale Küche Umbriens zu verfeinern. Die Kürbisravioli füllen sie mit einer Mandelcreme, das rosa gegarte Lammkarree umhüllen sie mit einem krossen Kräutermantel. Beides mag den Gourmet-Guide Gambero Rosso dazu bewogen haben, das 2005 eröffnete Restaurant im vergangenen Jahr erstmals aufzuführen. Im Saal entgeht Samuele kein Wunsch, auch dann nicht, wenn am Wochenende halb Rom auf der Gartenterrasse einfällt – die ewige Stadt liegt nur eineinhalb Stunden über die nahe Autobahn entfernt. *Casalina, Via della Rocca 2, Tel. 0759-72 43 14, www.anticoforziere.it; Mo und 10. bis 31. Jan. geschl.; Hauptgericht ab 14 €; Hotel: 6 Zimmer, 3 Suiten; Pool, Garten, ein Hektar Land, Mountainbikes; DZ/F ab 85 €*

84 Rosso di Sera
Der Name „Abendrot" ist gut gewählt: Von der Panoramaterrasse am Seeufer lassen sich die großartigen Sonnenuntergänge über dem Lago Trasimeno bewundern. Die Kreationen der Chefin Federica Trovati können genauso begeistern. Die Hauptrolle spielt dabei natürlich der direkt vorm Haus gefangene Fisch in allen Variationen, aber auch die Lasagne mit Hasenragout und Porreesauce oder das Lamm in Pistazienkruste sind sehr zu empfehlen. *San Feliciano, Via Fratelli Papini 79, Tel. 075-847 62 77; mittags (außer So) sowie Di geschl.; Hauptgericht ab 10 €*

85 Taverna del Lupo
Der heilige Franz von Assisi soll einst in Gubbio einen Wolf gezähmt haben, der später im mittelalterlichen Gewölbe des Restaurants zu Tisch gegangen ist. Das sagt zumindest die Legende. Als „Wirtshaus des Wolfs" ist das Haus in Gubbio längst eine kulinarische Institution geworden. Seit 30 Jahren führen Rodolfo und Elisa Mencarelli das Restaurant, in dem die umbrische Küche und insbesondere Trüffeln geschätzt werden. Die Portionen sind äußerst mächtig: Das Antipasto „Spezialitäten des Hauses" muss sogar in zwei Gängen serviert werden. Auf der Weinkarte dominieren regionale Tropfen wie Sagrantino di Montefalco und Orvieto. *Gubbio, Via Giovanni Ansidei 21, Tel. 0759-27 43 68; außer im August und Sept. Mo geschl.; Menü 32–53 €, Hauptgericht ab 32 €*

86 Hostaria De Dadà
Wer zum ersten Mal hier zu Gast ist, erwartet in diesem kleinen Lokal keine feine Küche. Die Gäste sitzen dicht gedrängt auf Holzbänken, der Lärmpegel ist hoch, die Preise

Die drei Brüder Samuele, Stefano und Andrea Rodella führen das „L'Antico Forziere". Juwelen ihrer „alten Schatztruhe" sind die kunstvoll gestalteten Desserts (re.)

sind niedrig. Aber dann verblüffen erstaunlich raffinierte Gerichte mit hervorragenden Zutaten wie Pasta mit Wildspargel, gefüllte Taube und die Schweinelendchen auf Fenchelcreme oder in Walnuss-Parmesan-Sauce. *Spello, Via Cavour 47, Tel. 0742-30 13 27, So Abend geschl.; Hauptgericht ab 8 €*

87 Da Remo

Foligno wird von Touristen wenig besucht, daher sind im „Da Remo" die Einheimischen meist unter sich. Das Lokal ist in einem historischen Palazzo im Zentrum untergebracht, im Sommer isst man in einem schattigen Innenhof. Pasta mit Pilzen, Perlhuhn mit Speck, gebratene Taube, Kaffee-*semifreddo* und *zuppa inglese* sind nur einige der empfehlenswerten Köstlichkeiten des Hauses. *Foligno, Via del Campo 4, Tel. 0742-34 05 22; So Abend und Mo geschl.; Hauptgericht ab 12 €*

88 100 Anni Pecchiarda

Die über 100 Jahre alte Trattoria mit einem hübschen Garten liegt versteckt im Gassengewirr der Altstadt von Spoleto. Ein echter Familienbetrieb, bis hin zum wichtigsten Lieferanten: Der Bruder der Chefin versorgt das Lokal mit Fleisch, Öl und Wein vom eigenen Bauernhof. Spezialität ist das mit Artischocken gefüllte Huhn, zum Dessert wird eine ausgezeichnete *crema catalana* serviert. Besonders lobenswert: der preiswerte, offene Hauswein, ein guter Rosso di Montefalco. *Spoleto, Vicolo San Giovanni 1, Tel. 0743-22 10 09; Hauptgericht ab 10 €*

89 Il Tempio del Gusto

Das 2002 eröffnete Feinschmeckerlokal in der Altstadt von Spoleto ist eine echte Bereicherung für die kulinarische Szene der umbrischen Stadt. Der junge Chef Eros Patrizi bringt originelle Gerichte auf den Tisch: mit Walnüssen, Ricotta und Trüffeln gefüllte Tortelloni, Tunfisch in Sesamkruste, Meringue mit Haselnusscreme und Schokolade. Die Portionen sind großzügig bemessen. Für Gerichte auf diesem Niveau sind die Preise äußerst günstig. *Spoleto, Via Arco di Druso 11, Tel. 0743-4 71 21; Do sowie vom 1. bis 10. Sept. und 10 Tage im Jan./Feb. geschl.; Hauptgericht ab 12 €*

90 Osteria del Trivio

In der hübsch eingerichteten, sympathisch geführten Osteria gibt es *cucina casalinga* auf gehobenem Niveau. Der Schwerpunkt der Hausmannskost liegt auf den klassischen Rezepten der Region. Die hausgemachte Pasta kommt je nach Saison mit Pilzen, Trüffeln oder wildem Spargel auf den Tisch. Eine Spezialität des Hauses sind die gefüllten Artischocken. *Spoleto, Via del Trivio 16, Tel. 0743-4 43 49; Di und 2 Wochen im Jan./Feb. geschl.; Hauptgericht ab 7 €*

91 Ristorante Trippini

Die biedere Einrichtung führt den Gast leicht auf die falsche Fährte. Es reicht ein kleines Gericht, Cannelloni mit Hühnerleber beispielsweise, um zu verstehen, dass man es hier mit erstklassiger Küche zu tun hat. Paolo Trippini, der das Restaurant 2006 von seinem Vater übernahm, gehört zu den großen Köchen in Italien – und ist dabei sehr bescheiden. Er gehe nur kreativ mit den regionalen Gerichten um, sagt er, verfeinere seine Gnocchi mit etwas Minze oder koche anstelle der traditionellen Taube in Weinmost einfach einen süßsauren *risotto al piccione*. Auch ein Dessert sollte man sich nicht entgehen lassen. Wo sonst gibt es Mandarinenflan mit weißer Schokolade und Fenchel? *Baschi, Loc. Civitella del Lago, Via Italia 14, Tel. 0744-95 03 16; Mo und die letzten 3 Wochen im Jan. geschl.; Hauptgericht ab 20 €*

VON CHRISTOPH HENNIG, CHRISTIANE BÜLD CAMPETTI, KLAUS SIMON

Abends wirkt die Piazza della Repubblica (li.) wie die Kulisse eines historischen Spektakels. Schon Zuschauen wird zum Erlebnis – vor allem, wenn Größen wie die Dirigentin Emmanuelle Haïm, Countertenor David Daniels und Starsopranistin Laura Claycomb im Teatro Signorelli auftreten (re.)

CORTONA

Die perfekte Bühne

Hier sieht die Toskana aus, wie sie der Rest der Welt vor Augen hat: anmutig und kultiviert. So wundert es nicht, dass es einmal im Jahr die großen Stars der Klassik zum „Festival del Sole“ ins kleine Cortona zieht

VON **PETRA RESKI** (TEXT) UND **PETER RIGAUD** (FOTOS)

Cortona mag Provinz sein, ist aber keineswegs provinziell. Deswegen verlangt Dirigent José Cura (u.) von den Musikern des Russischen Nationalorchesters (li.) bereits bei den Proben höchste Konzentration

Sonnenflecken fallen auf das Tal, in der Ferne glitzert ein Stück des Trasimenischen Sees, Schwalben stürzen sich zirpend über moosbedeckte Dächer, türkis schillernde Kirchenkuppeln und schwarze Zypressen. In Cortona sieht die Toskana aus wie ein Bühnenbild der Renaissance – der Blick aus dem Fenster des Hotelzimmers streckt sogar hartnäckige Toskana-Skeptiker nieder. Wenn dazu noch eine von den Jahrhunderten erschöpfte Kirchenglocke läutet, ist Italien so schön, wie man es sich an dunklen, nordeuropäischen Tagen erträumt. Und Künstler sind auch nur Menschen. Selbst wenn sie Anna Netrebko heißen oder Cecilia Bartoli: Alle träumen den gleichen Traum von einer Landschaft, die nach idealen Maßen und Proportionen strebt, geschichtsträchtig, gebildet und aufgeklärt ist. Und in der ein Musikfestival stattfindet, das nicht nur höchste künstlerische Ansprüche erfüllt, sondern auch ganz private, nach Ferien etwa, in einer der schönen Villen rund um Cortona.

„Unsere Künstler schätzen, dass unser Festival sehr intim ist. Dass sie hier ihre Ferien verbringen können. Und dass sie jede erdenkliche Freiheit haben", sagt Nina Kotova, die künstlerische Leiterin. Das „Festival del Sole" zieht namhafte Größen an: Die Sopranistin Renée Fleming, den Countertenor Andreas Scholl, die Violonistin Geraldine Walther, den Dirigenten José Cura, die Barockdirigentin Emmanuelle Haïm – und nicht zuletzt die Cellistin Nina Kotova, die auf der Terrasse des Teatro Signorelli sitzt, das zu einer Mischung aus Café und Pressebüro umfunktioniert wurde: Amerikanische PR-Damen hämmern E-Mails in ihre Laptops, die Kinder einer französischen Dirigentin kriechen unter den Tischen umher, und die Presseschau auf den Stellwänden kündet vom Ruhm, den das Festival inzwischen genießt: Die „Repubblica" verklärt eine Sopranistin zur „Kidman der Opernmusik", der „Messaggero" lobt die „Sinfonie der schönsten Stars" und „Grazia" preist die Makellosigkeit der Sängerinnen.

Ebenso eindrucksvoll ist die künstlerische Leiterin des Festivals: Nina Kotova ist nicht nur eine weltberühmte Cellistin, sondern auch eine hochgewachsene Schönheit, mit vollen Lippen, hohen Wangenknochen und jenem hochmütig-kühlen Blick, wie er nur Russinnen gelingt. Sie trägt ein mit Saphiren und Brillanten besetztes Armband, das im merkwürdigen Kontrast zu ihren kurzgeschnittenen Cellistinnenfingernägeln steht.

Zusammen mit ihrem amerikanischen Ehemann, dem Impresario Barrett Wissman, und der Toskana-Bestsellerautorin Frances Mayes gründete Nina Kotova das Festival im Jahr 2003, wobei es sicher ein hilfreicher Zufall war, dass die drei in der Toskana Nachbarn sind. Mit rauchiger Stimme erzählt sie, wie sie eines Abends mit ihrem Mann das Teatro Signorelli als einen fellinesken Ort wahrnahm: ein fast leeres Theater, in dem ein Film gezeigt wurde. Unverzüglich entschied das Ehepaar, das Teatro Signorelli wieder mit Leben zu füllen. Und der Rest ist Geschichte: Das „Festival del Sole" ist inzwischen eines der anspruchsvollsten Musikfestivals Italiens. Im vergangenen Jahr eröffnete keine geringere als Sophia Loren die Festwoche – ihr Sohn Carlo dirigierte das Erinnerungskonzert für seinen verstorbenen Vater.

Der „Corriere di Arezzo" vermeldete danach mit lokalpatriotischer Inbrunst, dass die Loren sich in Cortona verliebt habe und sich nun ein Haus suche. Nur die „Repubblica" gab sich mäkelig und monierte, dass die Loren ihre Ansprache auf Englisch gehalten habe: Schließlich befinde sich Cortona immer noch in Italien! Obwohl das, wenn man auf der Terrasse des Teatro Signorelli sitzt, nicht unbedingt zu merken ist. Denn in Cortona spricht jeder Englisch, das „Festival del Sole" wird mit amerikanischer und damit geradezu beängstigender Effizienz organisiert. Täglich finden Konzerte im Teatro Signorelli oder unter freiem Himmel statt, wobei die Liebhaber des Festivals noch heute eine Gänsehaut bekommen, wenn sie an das Konzert von Anna Netrebko im Jahr 2006 auf der Piazza Signorelli denken – bei Vollmond! Eine Anna Netrebko, die in Italien damals nur wenigen Opernkennern bekannt war und keineswegs jenem Massenpublikum, das ihr in Deutschland zu Füßen liegt. Auch deshalb wird das „Festival del Sole" geschätzt: Weil es internationale Stars in die Toskana bringt, die sonst nie den Weg in eines jener schwerfälligen, durch Parteiengezänk gelähmten Opernhäuser Italiens gefunden hätten.

Dabei war Cortona vor dem Festival eine musikalische Diaspora, mit unbedeutenden Konzerten hier und da und bemühten Klavierschülern, günstigstenfalls.

Als Nina Kotova, Frances Mayes und Barrett Wissman ihr Projekt in Cortona vorschlugen, war Rita Mezzetti Referentin für Sozialpolitik, vor allem aber Klavierlehrerin und Pianistin, was sie in den Augen der Stadtverwaltung von Cortona dafür prädestinierte, sich mit der ungewöhnlichen Idee auseinanderzusetzen. Signora Mezzetti ist eine kleine Dame mit jenem hintersinnigen Klavierlehrerinnenlächeln, das auch die hoffnungslosesten, unmusikalischsten Fälle einfach entwaffnet. Cortona sei eine kleine Stadt, gerade mal 2500 Einwohner, sagt Signora Mezzetti, selbst mit den Gemeinden des Umlands zähle man nicht mehr als 25 000 Menschen. Anfangs sei kaum jemand von der Idee eines Musikfestivals begeistert gewesen. Viele Stadtherren sorgten sich vor den Kosten, und wenn nicht Signora Mezzetti →

Üben, wo es sich leben lässt: Die Hornisten des Russischen Nationalorchesters (o. li.) genießen die Idylle des Chianatals, in dem Cortona liegt (o. re.). Zu späterer Stunde, wenn das Ensemble auf der Piazza Santa Margherita gespielt hat (re.), gilt der Applaus der Zuschauer der Musik – und wohl auch ein bisschen der Stadt, die ebenfalls wieder Star des Abends ist

Klangvolle Namen: Der Cellist András Fejér zählt zu den gefeierten Künstlern, ebenso wie Violonistin Geraldine Walther und Italiens gewaltigste Stimme – die Mezzosopranistin Cecilia Bartoli

derart entflammt gewesen wäre, hätte Cortona dem weitaus größeren Arezzo vermutlich nie den Rang abgelaufen, zumindest nicht, was das Kulturleben betrifft.

Signora Mezzetti ist heute die lokale Organisatorin des Festivals, eine der wenigen Italienerinnen unter den Verantwortlichen, die vorwiegend Amerikaner sind. Letztendlich habe in Cortona die Idee von dem „Festival der fünf Sinne" überzeugt, sagt Signora Mezzetti, denn während des Festivals kann man nicht nur Konzerte genießen, sondern auch Kunstausstellungen und Weinproben besuchen, italienisch kochen lernen oder sich von Wellnessprogrammen verwöhnen lassen. Dass sich Cortona als Region des guten Lebens darzustellen vermochte, die eine gehobene Klientel anzieht, stimmte schließlich selbst die letzten Zweifler um, ist doch in Italien nichts so verpönt wie der *turista mordi e fuggi*, der „Beiß rein und hau ab"-Tagestourist. Also schlossen sich auch die Gastronomen von Cortona dem Musikfestival an, indem sie ihre Restaurants bis weit nach Mitternacht für Gäste öffneten. Nach dem Festival 2006 pries ganz Cortona die amerikanisch-italienische Freundschaft, und Barrett Wissman wurde zum Ehrenbürger ernannt.

Wer allerdings über die Piazza Signorelli spaziert, hat das Gefühl, als sei Cortona die Geister nicht mehr losgeworden, die Frances Mayes mit ihren Toskana-Bestsellern gerufen hat: In den Läden liegen Campari- und Marcello-Mastroianni-Kalender, und Delikatessläden preisen ihre Waren auf englisch an – „*tasting of local products made in Cortona with genuine porc meat from our local farming*". Wer dann im Restaurant über der Piazza della Repubblica sitzt, blickt nicht nur auf die gotischen Spitzbögen des Rathauses, sondern auch auf die riesigen Lettern des Immobilienbüros *Toscana Servizi Immobilari* gegenüber. Und am Nebentisch lehnt ein österreichischer Motorradfahrer entspannt im Stuhl und ruft in sein Telefon: „Wir sind in Cortona, und von hier aus fahren wir noch in ein echt toskanisches Dorf!"

Wenn nicht manchmal eine Person aus einem Haus treten würde, die aussieht, als sei sie echt, etwa die alte Frau mit Blümchenschürze, dann hätte man den Eindruck, in Cortonas Gassen einer höchst professionellen, anglo-amerikanischen Inszenierung italienischen Lebens beizuwohnen. Nicht nur die Innenstadt von Cortona, auch das Umland hat sich entvölkert: Nach dem Erfolg von Frances Mayes Bestseller „Unter der Sonne der Toskana" und der anschließenden Verfilmung stiegen die Grundstückspreise ins Unermessliche – weshalb in Cortona kaum noch Cortonesen leben, sondern vor allem Amerikaner, die ihre zweiwöchigen Sommerferien hier verbringen.

Und weil sich das Italienische in Cortona bereits verflüchtigt hat, bemüht sich Signor Baldetti, der toskanische Winzer des Weinkonsortiums Cortona, verstärkt darum, den Gästen aus Übersee etwas italienische Lebensart beizubringen: Im Innenhof des Klosters Sant'Agostino doziert er derart ausführlich über den Alkoholgehalt des Weines – „bewegen Sie das Glas kreisend, und sehen Sie dann auf die Schlieren, die der Wein hinterlässt, je enger diese Schlieren, desto höher der Alkoholgehalt!" –, bis der Weißwein in den Gläsern warm geworden ist. Was niemanden stört, denn die Schüler staunen und glänzen mit streberischen Fragen, etwa wie das Glas zu halten ist und wie sich die 15 Prozent Riesling auf das Aroma des Chardonnay auswirken. Signor Baldetti schärft die Wahrnehmung von zweiten, dritten, vierten Aromen, proklamiert, dass der Sangiovese nach reifer Marmelade schmecke und bringt in jedem Satz einen Vergleich mit einer Frau unter, was das amerikanische Publikum völlig für ihn einnimmt.

Während Signor Baldetti noch über seinen Wein spricht, proben in einer Ecke des Klosterganges bereits einige Musiker des Russischen Nationalorchesters in lila Seidenhemden mit Tapetenmuster. Am Abend im Theater hat dann alles seine Poesie wiedergefunden, die Musiker in ihren schwarzen Anzügen in diesem kleinen, abgeliebten Theater mit den verblichenen Farben. Hier ist Italien so, wie es sein soll, nicht perfekt, sondern mit knarrendem, leicht löcherigem Parkett, mit alten Sitzreihen und nach Staub riechender Luft. Und dann dirigiert die Französin Emmanuelle Haïm Händel, führt das Orchester mit ruckartigen Bewegungen, wie eine Puppe auf einer Spieluhr, und das Publikum ist von ihrem Zauber gefangen. Am Tag zuvor sang die österreichische Mezzosopranistin Angelika Kirchschlager mit der Sopranistin Isabel Bayrakdarian, und irgendwann kam es zu einem jener magischen Momente, von denen Opernfans träumen: Zwei Operndiven lachen und improvisieren auf höchstem Niveau, indem sie spontan noch ein Lied ins Programm nehmen und ein anderes einfach wiederholen – weil's so schön war.

Als die Konzertgäste das Theater verlassen, hat die Kirchenglocke gerade geläutet, der Mond spiegelt sich auf den blank getretenen Pflastersteinen. Die Piazza Signorelli summt, Musiker und Konzertbesucher mischen sich. Es ist bereits nach elf Uhr, festlich gekleidete Menschen strömen in die Restaurants, das Theater schließt seine Türen. Signora Mezzetti, die Klavierlehrerin, stöckelt auf hohen Absätzen übers Pflaster. Ihr Gesicht ist vor Begeisterung leicht gerötet. Sie ist von dem Konzert noch so bewegt, dass sie sich räuspern muss. „Ich hätte nie gedacht, so etwas eines Tages zu erleben", sagt sie.

Gala statt Gottesdienst: Cecilia Bartolis Konzert in der Chiesa di San Francesco (o.) ist ein Höhepunkt des Festivals – und für dessen Gründer Barrett Wissman ein Musikerlebnis, das sich auszahlt. An seiner Seite die Stars des Festivals: Nina Kotova, Andrea Marcon, Andreas Scholl und Cecilia Bartoli (v. li. n. re.)

CORTONA INFO

ANREISE NACH CORTONA

Flughäfen: Florenz und Pisa. Bahnhof: Cortona-Camucia, ca. 5 Kilometer vom Zentrum, von hier fahren Direktzüge nach Florenz und Rom.

AUSKUNFT UND BUCHUNGEN

92 **Festival del Sole,** *Piazza Signorelli, Tel. 0575-62767, www.festivaldelsole.com/cortona/ger*
Das Festival findet 2008 vom 2. bis zum 12. August statt.
93 **APT Cortona,** *Via Nazionale 42, Tel. 0575-630352, www.apt.arezzo.it*

HOTELS

94 **Le Gelosie.** Einfaches, aber angenehmes B&B, dessen Betreiber auch Ferienwohnungen vermitteln. Nahe der Piazza Signorelli gelegen, an der sich das Theater befindet. *Via Dardano 6, Tel. 0575-630005, www.legelosie.com; DZ/F ab 95 €, Apt. für 2 Pers. ab 700 €/Woche*
95 **Hotel San Michele.** Ein prachtvoller Renaissance-Palazzo dient als elegantes Hotel, nur wenige Schritte von der Piazza della Repubblica entfernt. *Via Guelfa 15, Tel. 0575-604348, www.hotelsanmichele.net; DZ/F ab 119 €*
96 **Villa Marsili.** Hübsche Villa mit großartigem Blick und der charmanten Geste, die Gäste am frühen Abend auf einen Aperitif einzuladen – in die Hotelhalle, die wie ein herrschaftlicher Salon eingerichtet ist. *Viale C. Battisti 13, Tel. 0575-605252, www.villamarsili.net; DZ/F ab 135 €*
97 **Le Case Coloniche.** Villen und Apartments zum Mieten: Wer will, kann seine Urlaubsunterkunft sogar kaufen. *Le Case Coloniche, Loc. c. a. 62, Tel. 0575-678528, www.lecasecoloniche.com; Apt. für 2 Pers. ab 280 €/Woche*
192 193 **Il Falconiere.** Das schönste Hotel von Cortona liegt etwas außerhalb: ein idyllisch gelegenes Gut mit zauberhaften Zimmern, Restaurant (1 Stern), Pool und Blick bis zum Lago di Trasimeno. *Loc. San Martino 370, Tel. 0575-612679, www.ilfalconiere.it; DZ ab 270 €*

RESTAURANTS

98 **Osteria del Teatro.** Zentral gelegenes Lokal in Renaissancegemäuern mit klassischer toskanischer Küche. Hier treffen sich Konzertbesucher nach den Festival-Vorstellungen. *Via Maffei 2, Tel. 0575-630556; Mi. geschl.*
99 **Trattoria La Grotta.** Sympathischer Familienbetrieb mit Terrasse. Gute toskanische Hausmannsküche. *Piazzetta Baldelli 3, Tel. 0575-630271; Di. geschl.*
100 **Preludio.** Erfrischend moderne toskanische Küche im Renaissance-Palazzo. *Via Guelfa 11, Tel. 0575-630104; Mo. geschl.*

GLÜCK IST

Denn wer sich etwas Schönes gönnt, bringt seine Endorphine in Fahrt. Die Geschäfte Von zuckersüß bis messerscharf – entdecken Sie Souvenirs, die alle Wünsche erfüllen

DIE 25 BESTEN ADRESSEN

KERAMIK

01. BITOSSI CERAMICHE BY FLAVIA

Tonarbeiten haben Tradition in Montelupo Fiorentino; bereits seit der Renaissance wird hier mit Keramik gearbeitet. Die Firma Bitossi gibt es zwar erst seit 1921, sie wurde mit der Serie „Riminiblu" von Aldo Londi aber schnell weltweit bekannt. Designer wie Ettore Sottsass arbeiteten schon für den Handwerksbetrieb, der die Klassiker aus den fünfziger bis siebziger Jahren neu aufgelegt hat – von erfahrenen Meistern handgedreht und -bemalt. *Montelupo Fiorentino, Via Gramsci 16, Tel. 0571-5 14 03, www.flavia.it; kein Direktverkauf. Erhältlich z. B. bei* **101** *Arte & Design, Poggibonsi, Loc. Fosci, Strada Provinciale per San Gimignano 25/A, Tel. 0577-04 12 95, www.arte-e-design.it; Sa Nachmittag sowie ca. 2 Wochen im Aug. geschl.*

01. BITOSSI

ALTA MODA

Konkurrenz aus Mailand muss Florenz nicht fürchten: Hier sind Modehäuser zu Hause, die italienischen Chic großgemacht haben

02. PUCCI

Immer noch hochaktuell: die auffälligen Muster und Farben von Emilio Pucci, Spross einer Florentiner Patrizierfamilie, der auch die Caprihose erfunden hat. **102** *Florenz, Via de' Tornabuoni 20–22r, Tel. 055-265 80 82, www.emiliopucci.com; auch am letzten So des Monats 14–19 Uhr*

03. GUCCI

Sattlermeister Guccio Gucci gründete 1921 das weltbekannte Label für Mode und Accessoires. Selbst Fahrräder kommen heute aus seinem Haus. **103** *Florenz, Via de' Tornabuoni 73r, Tel. 055-75 92 21, www.gucci.com; auch So 14–19 Uhr*

04. PATRIZIA PEPE

Hier steckt Pfeffer drin: Sexy, sinnlich, aber nie vulgär ist die Mode von Patrizia Pepe, die ihren Namen ihrem Stil angepasst hat. Eigentlich heißt sie Patrizia Bambi – aber das wäre viel zu brav für das, was sie macht. **104** *Florenz, Piazza San Giovanni 12r, Tel. 055-264 50 56, www.patriziapepe.com; auch So*

05. SALVATORE FERRAGAMO

Der Schuster aus Neapel erfand in Übersee Keilabsatz und Ballerinas, bevor er in den Zwanzigern nach Florenz zog. Im Angebot: Mode, Schuhe, Accessoires und Home-Collection. **105** *Florenz, Via de' Tornabuoni 4r–14r, Tel. 055-29 21 23, www.salvatoreferragamo.it; auch So 14–19 Uhr*

06. ROBERTO CAVALLI

Er machte den „look leopardato" salonfähig und schafft Glamouröses aus Pelz, Federn, Leder und Raubtierprints. **106** *Florenz, Via de' Tornabuoni 83r, Tel. 055-239 62 26, www.robertocavalli.com*

07. ERMANNO SCERVINO

Glänzend und rüschenbesetzt – für alle, denen es nicht weiblich genug sein kann. Ideal, wenn man auf der Suche nach einem schwingenden Chiffon-Abendkleid ist. **107** *Florenz, Piazza Antinori 10/r, Tel. 055-260 87 14, www.ermannoscervino.it* →

KÄUFLICH!

der Toskana bieten dazu erstklassige Gelegenheit.

02. PUCCI

03. GUCCI

PANFORTE

08. BINI, NANNINI & CO.

Für das würzige Aroma des Panforte di Siena sorgen Mandeln, kandierte Früchte, Nelken, Zimt, Kardamom und vieles mehr. Jede Pasticceria hat ihr strenggehütetes Hausrezept. Oder sogar zwei, denn den Panforte gibt es klassisch-dunkel und in einer leichteren, hellen Version. Die drei besten Konditoreien Sienas: **108** *Panforte di Siena, Bini, Via Stalloreggi 91–93, Tel. 0577-28 02 07, Mo geschl.; Nannini, Via Massetana Romana 42/44, Tel. 0577-4 55 33; Manganelli, Via di Città 71/73, Tel. 0577-28 00 02*

CANTUCCI

09. BISCOTTIFICIO ANTONIO MATTEI

Kein Gramm Fett wird in den Teig für die berühmten *biscotti di Prato* gegeben, hinein kommen nur Mehl, Zucker, Eier, Mandeln und Pinienkerne. Deshalb sind sie hart. Sehr hart. So hart, dass man sie vor dem Reinbeißen besser in Vin Santo stippt. Die Firma produziert die anderswo auch als Cantucci bekannten *biscotti* seit 1858 nach Originalrezept. **109** *Prato, Via Ricasoli 20/22, Tel. 0574-2 57 56, www.antoniomattei.it; Mo und die letzten drei Augustwochen geschl.*

PORZELLAN

10. RICHARD GINORI

Carlo Andrea Ginori gründete 1735 die erste Porzellanmanufaktur Italiens. Heute steht das Traditionshaus für klassisch-schönes Geschirr. **110** *Florenz, Via Rondinelli 17r, Tel. 055-21 00 41, www.richardginori1735.com; Mo Vormittag und zwei Wochen im August geschl.*

SCHREIBWAREN

11. PINEIDER

Ein Eldorado für alle, die Schönes für den Schreibtisch lieben. Edles Briefpapier, elegante Federhalter und Aktentaschen sind von bester Qualität. Deshalb lassen die feinen Florentiner Familien auch nur hier ihre Einladungen drucken. **111** *Florenz, Piazza della Signoria 13/14r, Tel. 055-28 46 55, www.pineider.com; 3. Augustwoche geschl.*

SCHOKOLADE

12. CIOCCOLATERIA SLITTI

Schokolade gibt es bei ihm sogar löffelweise – die lösen sich beim Umrühren in *caffè* auf. Andrea Slitti ist ein Chocolatier der Extraklasse. Mit seiner Kreation„Lattenero“ ist ihm die süße Quadratur des Kreises gelungen: eine Milchschokolade mit bis zu 70 Prozent Kakaoanteil. **112** *Monsummano Terme, Via Francesca Sud 1268, Tel. 0572-64 02 40, www.slitti.it*

OLIVENÖL

13. LAUDEMIO

Das beste Olivenöl der Toskana? Geschmacksache. Doch zu den besten zählen die Produkte von Winzern, die Oliven so pfleg- →

04

05

08

09

10

11

12

13

14

15

16

17

18

19

20

21

22

23

24

lich behandeln wie ihre Trauben (z. B. Castello di Ama, Badia a Coltibuono oder Rocca di Montegrossi). Auch wer Laudemio-Öl wählt, kauft Extraklasse: 22 Produzenten, darunter die großen toskanischen Winzerdynastien Frescobaldi und Antinori, haben sich zu einer Gesellschaft zusammengeschlossen und zu Höchststandards verpflichtet. *Laudemio, www.laudemio.it; kein Direktverkauf. Erhältlich in Feinkostgeschäften, z. B.* **113** *Procacci, Florenz, Via de' Tornabuoni 64r, Tel. 055-21 16 56*

HANDSCHUHE

14. MADOVA

Sie sind handgenäht, aus feinstem Leder, mit Fell, Seide oder Cashmere gefüttert und sitzen perfekt. Die Handschuhe aus dem Haus der Familie Donnini haben nur einen einzigen Fehler: Man kann sie verlieren. **114** *Florenz, Via Guicciardini 1r, Tel. 055-239 65 26, www.madova.com*

KÄSE

15. FATTORIA CORZANO E PATERNO

Pecorino in allen Ehren, doch Schafsmilch hat das Zeug zu mehr: Die Familie Gelpke-Goldschmidt stellt auf ihrer Fattoria in San Pancrazio köstliche Käsekreationen her, die in den besten Käsegeschäften von Florenz serviert werden. Man erhält sie aber auch – nach telefonischer Anmeldung – vor Ort in der Fattoria. **115** *San Casciano, Loc. San Pancrazio, Tel. 055-824 81 79, www.corzanoepaterno.it*

FENCHELSALAMI

16. ANTICA MACELLERIA CECCHINI

Macellaio Dario ist ein Mann von Gewicht, wetzt die Messer zu Opernarien und reicht in seiner Metzgerei Delikatessen über die Marmortheke. Von der Fenchelsalami *finocchiona* bis hin zur echten *bistecca die chianina* aus Räucherspeck – die Qualität ist exzellent. **116** *Panzano in Chianti, Via XX Luglio 11, Tel. 055-85 20 20; Mi geschl. sowie nachmittags*

GLAS

17. ARNOLFO DI CAMBIO

Die beste Glas-Manufaktur von Colle di Val d'Elsa führt sowohl Avantgarde-Kristall als auch eine Kollektion mit schönen, klassischen Gläsern. **117** *Colle di Val d'Elsa, Loc. Pian dell'Olmino, Tel. 0577-92 82 79, www.arnolfodicambio.com*

SCHUHE

18. STEFANO BEMER

Das Leder für seine Kreationen stammt vom Strauß oder von englischen und französischen Kälbern. Auch Barschhaut benutzt er gern. Stefano Bemer fertigt Herrenschuhe nach Maß, für die Kunden Wartezeiten bis zu drei Monaten genauso in Kauf nehmen wie den Preis: ab 1500 Euro pro Paar. Günstiger sind Pantoffeln und Gürtel. **118** *Florenz, Borgo San Frediano 143r, Tel. 055-22 25 58, www.stefanobemer.com; 3 Wochen im Aug. geschl.; Showroom in Florenz: Via dei Camaldoli 10r, Tel. 055-22 24 62*

MESSER

19. COLTELLERIE BERTI

Für wirklich einschneidende Erlebnisse: Hier gibt es Trüffelmesser, Schreibtischmesser, Steakmesser, Klappmesser (davon gleich 66 Modelle), und alle sind handsigniert. Jedes Messer wird von nur einem Arbeiter gefertigt – der schließlich seine Initialen auf die Klinge setzt. **119** *Scarperia, Via Roma 43, Tel. 055-84 65 85, www.coltellerieberti.it*

NUDELN

20. PASTIFICIO TRADIZIONALE FAM. MARTELLI

Dank ihrer porösen Oberfläche verbinden sich die Nudeln der Familie Martelli auf innigste Weise mit jeder Sauce. *Lari, Via S. Martino 3, Tel. 0587-684238, www.famigliamartelli.it; kein Direktverkauf. Die Pasta ist z. B. in der* **120** *Bottega delle Specialità, Lari, Via Diaz 12, Tel. 0578-68 71 12, erhältlich*

SILBER

21. PAMPALONI ARGENTIERI DAL 1902

Vasen und Kerzenleuchter aus schwerem 925er Sterling, entworfen von Design-Größen wie Matteo Thun oder Marco Zanini. **121** *Florenz, Borgo SS. Apostoli 47r, Tel. 055-28 90 94, www.pampaloni.com; Mo sowie im Aug. geschl.*

STOFFE

22. ANTICO SETIFICIO FIORENTINO

Wie aus dem Märchen wirkt der Hinterhof im Florentiner Handwerksviertel Borgo San Frediano, wo seit 1786 kostbare Stoffe gewebt werden. Seide von hier schmückt den Kreml wie den Quirinale, den Präsidentenpalast in Rom. **122** *Florenz, Via Bartolini 4, Tel. 055-21 38 61, www.anticosetificiofiorentino.it; im Aug. geschl.*

PARFÜM

23. LORENZO VILLORESI

Der studierte Philosoph Lorenzo Villoresi kombiniert Duftessenzen aus aller Welt. Seine Parfüme haben Charakter, selbst Stilikone Madonna trägt Villoresi. Wer Zeit und Geld (ab 3500 Euro) mitbringt, kann sich ein individuelles Parfüm kreieren lassen. **123** *Florenz, Via de Bardi 14, Tel. 055-234 11 87, www.lorenzovilloresi.it; 2. u. 3. Augustwoche geschl.*

TERRAKOTTA

24. MARIO MARIANI

Der Meister arbeitet ohne Töpferscheibe, den kleinen Brennofen heizt er mit Holz. Mario Mariani arbeitet wie in längst vergangenen Zeiten, und seine Terrakottatöpfe gehören zu den edelsten von Impruneta. **124** *Impruneta, Via di Cappello 29, Tel. 055-201 19 50; im Winter Sa geschl.*

MODERNE MÖBEL

25. EDRA

Künstlerischer Leiter der Möbelmanufaktur ist Massimo Morozzi, Meister des Radical Design. Sein „Rose Chair“ ist längst ein Klassiker. Auch andere Kreationen des Hauses ernten immer wieder Beifall: Sitzlandschaften von cooler Eleganz oder die „Favela“-Sessel der Brüder Campana. **125** *Perignano, Via Livornese est 106, Tel. 0587-61 66 60, www.edra.com; Showroom nach telefon. Anmeldung*

25. EDRA

INTERVIEW: **CHRISTIANE BÜLD CAMPETTI** FOTOS: **FLORIAN JAENICKE**

„Nichts ist schöner, als dabei zu sein, wenn Kunst entsteht“

Seine Installationen liebt er, als wären sie seine Kinder. In der Fattoria di Celle schuf Giuliano Gori eine der ersten Land-Art-Sammlungen Europas. Ein Gespräch über Passion, Mäzene und achtjährige Mädchen mit Sachverstand

Jedes Werk soll mit dem Ort verschmelzen: Mit einer Marmorkugel im Bambuswald, Teil ihrer Arbeit „Melencolia II", setzten Claudio Parmiggiani und Robert Morris 2002 Goris Leitidee um

„Katarsis" (1985): Als würden sie sich angesichts der erhabenen Landschaft verbeugen – die 33 Bronzefiguren der Polin Magdalena Abakanowicz

Verwirrende Architektur aus Spiegelglas: Von 2003 bis 2005 arbeitete der Franzose Daniel Buren an „La Cabane éclatée aux quatre salles“

Nah am Wasser gebaut sind Fausto Melottis filigran gestaltete Räume mit einem Hauch des Unfertigen: „Theme and Variations II" (1981)

unser Lebenswerk. Gemeinsam haben wir entschieden, jeden Cent, den wir erübrigen können, in die Sammlung zu investieren. Bis heute haben wir die Kunstwerke selbst finanziert. Bei uns braucht auch niemand Eintritt zu bezahlen. Dafür haben wir die Freiheit, zu tun, was uns gefällt.

Mittlerweile stehen im Park der Fattoria di Celle 64 Installationen von 38 bedeutenden Gegenwartskünstlern. Es muss ein enormer Kraftakt gewesen sein, alles in Eigenregie zu finanzieren.

Ich antworte Ihnen mit einer kleinen Anekdote: Einer der Künstler, der bei uns an einem Werk arbeitete, wurde vom Direktor eines Pariser Museums aufgefordert, sofort zu kommen, weil Geld für eine große Installation bereitlag. Er sagte, er könne erst kommen, wenn seine Arbeit bei uns abgeschlossen sei. Er hat den Auftrag verloren. Für mich ist dies ein Indiz dafür, dass in der Kunst nach wie vor nicht das Geld zählt, sondern Idee und Leidenschaft.

Machen Sie Ihren Künstlern konkrete Vorgaben?

Der Maler Carlo Belli hat das viel besser ausgedrückt, als ich das je könnte: „Die Rechte der Kunst beginnen dort, wo die der Natur aufhören." Genau das wollen wir. Ein Werk soll sich harmonisch in die Natur integrieren, soll Teil des Ortes werden. Claudio Parmiggiani und Robert Morris ist das mit ihrer Arbeit „Melencolia II" besonders gut gelungen. Es scheint, als hätten die fünf Elemente aus Marmor und Bronze schon immer in dem Bambuswäldchen gelegen. Wir schlagen jedem Künstler mehrere Standorte vor, an denen aber alles bleiben muss, wie sie es vorfinden. Auch das Material muss zur Umgebung passen. Die Künstler machen einen Entwurf und leben bei uns, bis die Arbeit fertig ist.

Wie ist das Zusammenleben mit den Künstlern?

Für mich gibt es nichts Schöneres, als dabei zu sein, wenn Kunst entsteht. Vor der Einweihung unserer Sammlung im Sommer 1982 hatten wir neun Künstler gleichzeitig bei uns, darunter Dani Karavan, Ulrich Rückriem und Richard Serra. Alle waren mit ihren Familien oder Assistenten angereist und überall im Park schwirrten Leute umher. Einmal am Tag trafen sich alle zum Essen, auch Tischler, Elektriker und Bronzegießer, dann wurde stundenlang über Kunst gesprochen. Eine wundervolle, intensive Zeit!

Halten Sie Verbindung zu den Künstlern?

Aus den Arbeitsbeziehungen sind meist Freundschaften geworden. Einmal bekam ich zum Geburtstag eine Glocke geschenkt. Darauf stand eingraviert: „Wenn Giuliano ruft, kommen wir alle." Das war kein leeres Versprechen. Als ich vor einigen Jahren das Konzept für einen Marmor-Skulpturenpark in Carrara entwickelte, habe ich einige Künstler um einen Beitrag gebeten. Zwar musste ich mir anfangs anhören: „Giuliano, willst du meinen Ruf ruinieren? Ich kann doch nicht in Marmor arbeiten, das ist völlig überholt!" Mitgemacht haben sie trotzdem.

Sehen Sie es als Ihr Verdienst, dass Gegenwartskunst in der Toskana Verbreitung gefunden hat?

Ohne falsche Bescheidenheit: ja. Florenz hat viel zu lange von seiner Vergangenheit gelebt. Heute gibt es einige bemerkenswerte, private Initiativen in der Toskana, vor allem im Chiantigebiet. Es gibt aber auch solche, die man sich hätte sparen können.

Nehmen Sie sich noch Zeit für einen Spaziergang durch Ihren eigenen Garten?

Sooft es Zeit und Gesundheit zulassen! Es ist auch vorgekommen, dass meine Frau und ich angekündigt haben, im August ans Meer zu fahren. In Wirklichkeit sind wir hiergeblieben, um in Ruhe den Park zu genießen. Dann bin ich frühmorgens mit zwei Wassereimern losgezogen, um etwa das Marmorlabyrinth von Robert Morris eigenhändig von der Patina zu befreien. Eine langwierige Arbeit, denn das Dreieck hat eine Seitenlänge von elf Metern und ist zwei Meter hoch. Aber dabei habe ich die Entstehungsgeschichte nochmal erlebt.

Gibt es unter den Arbeiten ein Lieblingsstück?

Wo denken Sie hin! Ich habe vier Kinder und zwölf Enkelkinder, und auch da käme ich nie auf den Gedanken zu sagen, wen ich mehr liebte. Wenn man mir sagen würde, ich könnte im Notfall nur eines der Werke retten – ich wüsste nicht, wie ich mich entscheiden sollte. Schließlich haben wir mit den Künstlern oft monatelang gemeinsam um die richtige Form gerungen und dabei die Werke samt Künstlern und ihren Familien adoptiert. Als George Trakas beispielsweise seinen „Pfad der Liebe" anlegte, war seine kleine Tochter dabei. Als die Installation schließlich fertig war, sagte das Mädchen: „Papa, ich habe jetzt verstanden, was Liebe ist. Wenn ich einmal heirate, dann nur hier!" Sie wird in diesem Jahr bei uns heiraten. Das finde ich großartig.

Wird es in Zukunft neue Installationen im Park der Fattoria di Celle geben?

Die ganze Familie besitzt ja diese Leidenschaft für Kunst, Enkel eingeschlossen. Kürzlich rief mich meine Tochter an, die in Genf lebt. Ihre Jüngste, Ida, hat ihre Zimmerwände mit Popstars tapeziert. Nun hatte ich ihr beim letzten Mal eine kleine Originalzeichnung geschenkt. Anfangs wollte sie das Bild zu ihren Idolen hängen. Jetzt hat mir meine Tochter erzählt, Ida sei eines Morgens mit den Postern unterm Arm zum Frühstück erschienen und habe gesagt: „Mama, ich habe die Poster abgehängt. Kunst muss respektiert werden." Ida ist 8 Jahre alt.

Kunst trifft Patina: Vor dem Wohnhaus der Familie Gori platzierte Roberto Barni 1985 seine Installation „Servi muti“ (stumme Diener)

Die Lust am Neuen

Gegenwartskunst hatte es lange schwer im Land von da Vinci und Michelangelo. Doch mittlerweile hat sich die Moderne Respekt verschafft – und einen festen Platz in der Kulturszene

MUSEEN

126 CCCS – Centro di Cultura Contemporanea Strozzina Im ständigen Wechsel werden auf 850 Quadratmetern zeitgenössische Arbeiten präsentiert. Zwar nur in Kellerräumen, dafür in der guten Stube der Stadt – dem Palazzo Strozzi. *Florenz, Palazzo Strozzi, Piazza Strozzi, Tel. 055-277 64 61, www.strozzina.org; Di–So von 11–20.30 Uhr, Eintritt 5 €*

127 Centro per l'Arte Contemporanea Luigi Pecci. Werke von Anish Kapoor, Jannis Kounellis und Michelangelo Pistoletto. *Prato, Viale della Repubblica 277, Tel. 0574-53 17, www.centropecci.it; Mi–Mo 10–19 Uhr, Eintritt 5 €*

128 Palazzo Fabroni, Arti Visive Contemporanee. Wechselnde Ausstellungen vor allem italienischer Gegenwartskünstler im eleganten Palazzo. *Pistoia, Via Santa 5, Tel. 0573-37 18 17, fabroni.artivisive@comune.pistoia.it; nur bei Ausstellungen geöffnet*

129 Palazzo delle Papesse, Centro Arte Contemporanea. Zentrum für Gegenwartskunst, in dem auch internationale Fotokunst Platz findet. *Siena, Via di Città 126, Tel. 0577-2 20 71, www.papesse.org; Di–So 11–19 Uhr, Eintritt 5 €*

GÄRTEN UND SKULPTURENPARKS

130 Fattoria di Celle. Giuliano Gori (siehe Interview S. 104) hat im Garten seiner Fattoria Werke von 38 Gegenwartskünstlern versammelt. Der Park kann von Mai bis September nach Anmeldung (per Fax oder E-Mail) mit Führung besichtigt werden. Auf Pünktlichkeit wird Wert gelegt! *Santomato di Pistoia, Via Montalese 7, Fax 0573-47 94 86, goricoll@tin.it; im August zeitw. geschl., Eintritt frei*

131 Parco della Padula. Im Skulpturenpark der Marmorstadt haben Künstler wie Anne und Patrick Poirier, Sol LeWitt und Claudio Parmiggiani unter Beweis gestellt, dass sich aus dem kostbaren Stein auch zeitgenössische Kunst machen lässt. Der Park ist ganzjährig gratis geöffnet. *Carrara, Via Provinciale Gragnana, Tel. 0585-64 13 94 oder 64 14 22*

132 Castello di Ama. Jedes Jahr lässt sich auf dem Weingut von Lorenza und Marco Pallanti ein Künstler vom Genius Loci inspirieren. Bisher haben zum Beispiel Michelangelo Pistoletto, Daniel Buren und Chen Zhen im Schloss, Weinkeller oder Park an den Ort gebundene Werke geschaffen. *Gaiole in Chianti, Loc. Ama, Tel. 0577-74 60 31, www.castellodiama.com; Mo–Fr 9–12, 14–18 Uhr, Eintritt nach Anmeldung gratis*

133 Centro d'Arte La Loggia Sammler Giulio Baruffaldi hat Künstler wie Karel Appel, Arman und Daniel Spoerri auf sein altes Landgut im Val di Pesa eingeladen. Deren Werke sind nach Anmeldung gratis zu besichtigen. *San Casciano in Val di Pesa, Loc. Montefiridolfi, Via Collina 40, Tel. 055-824 42 88, www.fattorialaloggia.com*

134 Parco Sculture del Chianti Skulpturen im Steineichenwald – Piero Giadrossi und seine Frau verpflichteten 26 Künstler aus fünf Kontinenten, die beeindruckende Werke aufgestellt haben. *Pievasciata, La Fornace 48/49, Tel. 0577-35 71 51, www.chiantisculpture-park.it; April bis Okt. 10 Uhr bis Sonnenuntergang, Nov. bis März tel. Anmeldung, Eintritt 7,50 €*

135 Il Giardino di Daniel Spoerri „Spoerris Poesiealbum" nennt Katherina Duwen den Skulpturengarten ihres Mannes Daniel Spoerri unterhalb des Monte Amiata. Eine von Jean Tinguelys grotesken Schrottmaschinen rumpelt, der Wind bringt eine Klangskulptur von Jesus Rafael Sotos zum Klingen, und auch Arbeiten von Spoerri selbst sind unter den 88 Werken. *Seggiano, Loc. Il Giardino, Tel. 0564-95 08 05, www. danielspoerri.org; Ostern bis Okt. wechselnde Öffnungszeiten, Nov. bis März nach Anmeldung, Eintritt 10 €*

136 Il Giardino dei Tarocchi Bei Kunst gehe es „mehr um Besessenheit und weniger um Talent", fand Niki de Saint Phalle. Das glaubt der Französin aufs Wort, wer ihren Tarot-Garten in der Maremma besucht, wo sie 22 Symbole des Tarot-Spiels monumental und bunt aus der Erde wachsen ließ. *Capalbio, Loc. Garavicchio, Tel. 0564-89 51 22, www.nikidesaintphalle.com; April bis Mitte Okt. 14.30–19.30 Uhr, Eintritt 10,50 €, von Nov. bis März jeden 1. Sa im Monat vormittags Eintritt frei*

137 Il Giardino dei Suoni Schlanke Rohre ragen in kühnen Schwüngen über die Baumkronen hinaus; dünne Eisenruten wiegen sich sanft in der Luft. Viele der 200 Werke, die der Bildhauer und Musiker Paul Fuchs in seinem zwölf Hektar großen Garten aufgestellt hat, werden vom Wind oder von ihm selbst zum Klingen gebracht. *Boccheggiano, Loc. Podere Pianuglioli, Tel.0566-99 82 21, www.paulfuchs.com; Besichtigung nach Anmeldung*

Plakativ: Wechselnde Ausstellungen im Palazzo delle Papesse in Siena

ZIMMER ZUM VERLIEBEN

Palazzo, Villa oder Burg? Mitten in Florenz oder einsam in den Bergen? Egal, wo und wie Sie die Toskana genießen möchten: Wichtig ist ein Hotel, in dem Sie sich wohlfühlen. In diesen sieben Häusern möchte man ewig wohnen. Wir wünschen angenehmen Aufenthalt

VON **KLAUS SIMON** (TEXT) UND **STEFANO SCATÀ** (FOTOS)

Palazzo Consoli

Genaugenommen ist der 500 Jahre alte Palazzo kein Hotel, sondern ein „Luxury Bed and Breakfast". So steht es neben dem wuchtigen Portal am Corso, der langen, schmalen Hauptachse von Monteleone d'Orvieto. Die beiden Besitzer, der Brite Stephen und die Italienerin Elisa, haben den über 600 Quadratmeter großen Bau behutsam mit modernem Komfort ausgestattet, so wurden zum Beispiel die marmornen Bäder mit Designarmaturen veredelt. Die Romantik blieb dabei aber erhalten, und noch immer weht ein Hauch von altem Landadel durchs Haus; vor allem in der Suite im ersten Stock fühlt man sich in die Szenerie von Viscontis „Gattopardo" versetzt, unter den grandiosen Fresken würden Claudia Cardinale und Alain Delon eine gute Figur machen. Ganz anders ist dagegen die anheimelnde „Stanza del Leone" mit taubenblauem Kachelofen: überraschend *cosy* für italienische Verhältnisse und damit *very british*. Der Gast hat die Wahl, nicht nur zwischen *cotto* und *cottage*, auch deutsche Besucher entdecken hier heimatliche Akzente: Stiche mit Heidelberger Ansichten zieren das Zimmer „Zia Anna". Die gute, längst verblichene Tante war eine geborene Signora Weber, die es durch eine Heirat einst aus Süddeutschland nach Umbrien verschlagen hatte. Von ihren legendären Putzorgien erzählen die älteren Einheimischen noch heute, wenn sie im zum Palazzo gehörenden Restaurant „L'Antica Stalla" einkehren.

138 139 *Monteleone d'Orvieto, Corso Vittorio Emanuele II 46, Tel. 0763-83 40 32, www.palazzoconsoli.it; 3 Wochen im Jan./Feb. geschl.; DZ/F ab 120 €. 4 Zimmer, 1 Suite. Vestibül mit Sofas, Salon mit TV und Bibliothek, kleine Loggia mit Blick auf den Campanile der Kirche. Fahrräder, Kochkurse; Garten ein paar hundert Meter abseits. Sehr gutes Restaurant in den ehemaligen Ställen; Mo und mittags (außer So) sowie im Winter So Abend geschl.; Menü 27 €, Hauptgericht ab 15 €.*

Gediegenes Understatement, wie es sich für ein Haus unter halbbritischer Führung gehört. Der „Palazzo Consoli“ nennt sich „Luxury Bed and Breakfast“ – und besticht durch Stil, guten Service und Afternoon Tea

Villa Olmi Resort

Ein Traum von einer Villa: Foyers wie Ballsäle wechseln mit fresken- und stuckverzierten Salons. Die Farben der pompösen Murano-Leuchter harmonieren perfekt mit den Trompe-l'Œil-Malereien an der Decke, illusionistischen Werken, durch die Räume größer wirken, als sie in Wirklichkeit sind. Louis XV.-Sessel und Empire-Stühle aus Frankreich verleihen dem im 17. Jahrhundert als Landsitz eines reichen Florentiners entstandenen Bau obendrein etwas Schlosshaftes. In der Suite „Gli Specchi" fällt das Flachrelief eines Reiters ins Auge: Es wurde zum Emblem des luxuriösen Resorts vor den Toren von Florenz und gab dem hauseigenen Restaurant „Il Cavaliere" seinen Namen. Ein geometrisch angelegter Garten mit Buchsbaumparterre und Baumriesen verbindet die Villa mit den Nebengebäuden „La Fattoria" und „La Colonica". Das Mobiliar in den Zimmern ist dort so handverlesen wie in der Villa; die meisten Stilmöbel stammen vom renommierten Florentiner Antiquitätenhändler „Antichità Miccio". Die Bäder sind aus Marmor und mit Jacuzzi-Wannen ausgestattet, und statt in den Park schaut der Gast auf die Kaki- und Pfirsichbäume des prachtvollen Obstgartens.

140 **141** *Bagno a Ripoli, Via degli Olmi 4–8, Tel. 055-63 77 10, www.villaolmiresort.com; DZ/F ab 315 €. 45 Zimmer, 12 Suiten (5 mit kleinem Garten), 3 Apartments mit je 4 Schlafzimmern. Achtmal tägl. kostenloser Bus-Shuttle nach Florenz. 4 Hektar großes Grundstück mit Pool sowie Obst- und Kräutergarten, Park mit altem Baumbestand. Fitnessraum, Weinkeller für Verkostungen. Restaurant „Il Cavaliere" tägl. mittags und abends; Hauptgerichte ab 24 €.*

Hotel Badia di Pomaio

In der Einsamkeit der Alpe di Poti errichteten Mönche aus Arezzo 1644 die Abtei „Badia di Pomaio". Der Ort an der Hangkante des waldreichen Gebirgszugs war klug gewählt. Von hier tastet der Blick ungehindert Arezzos Silhouette ab, deren Kirchtürme und Stadttore stolz aus der tischtuchflachen Chiana-Ebene stechen. Im 19. Jahrhundert wurde die Abtei aufgelöst und von Bauernfamilien bezogen; 100 Jahre später trieb die Landflucht der 1960er Jahre die letzten Bewohner ins Tal. Die „Badia di Pomaio" verfiel, bis sich ein Investor fand, der den erfahrenen Gastronomen Gianni Briganti als Geschäftsführer gewann. 2006 wurde aus der Ruine ein Landhotel. Die komfortablen Zimmer tragen die Namen von Blumen, die in den Alpe di Poti blühen und sind in warmen, lichten Farben gehalten. Trumpf des Hauses aber ist die faszinierende Stille. Die asphaltierte Zufahrt führt von Arezzo bis direkt vors Portal; hinter dem Hotel schlängelt sich nur noch eine steile Waldpiste weiter, über die Mountainbiker zu Touren in die fast 1000 Meter hohen Alpe di Poti aufbrechen können. Vielleicht sollte man aber auch …? Gemach! Fürs erste lockt der Garten mit Kastanienriesen, dem ovalen Pool und einem der spektakulärsten Ausblicke der Toskana.

142 **143** *Loc. Pomaio (5 km nordöstl. von Arezzo), Tel. 0575-37 14 07 oder mobil 339-597 10 67, www.badiadipomaio.it; DZ/F ab 90 €. 17 Zimmer. Bar, Garten mit Pool, Panoramaterrasse. 70 Hektar Wald und Wiesen, Mountainbikes (Strecken ab Hotel). Restaurant auf zwei Etagen, gemütlich im alten Weinkeller, elegant im Saal darüber. Im Sommer wird auch auf der Hofterrasse serviert; Hauptgerichte ab 15 €.*

Himmlische Ruhe im Hof: Von hier aus führen nur noch Waldwege weiter

Ein Hauch von Versailles so nah an Florenz: Himmelbett und Stilmöbel in den Suiten sind in der „Villa Olmi" genauso selbstverständlicher Luxus wie der weitläufige, italienische Garten vor dem Haus

Castello di Petroia

Eine dicke Eiche steht an der Auffahrt. In welche Richtung man von diesem Platz auch schaut – nirgends verschandeln moderne Bauten oder gar Fabriken die sattgrüne Hügellandschaft. „Dies ist der natürlichste, wildeste Teil Umbriens", erklärt Carlo Sagrini. Genau 160 Chianina-Rinder züchtet er hier, aber wie viel Wohnfläche sein Castello misst, das kann er nur schätzen. Um die 3000 Quadratmeter mögen es sein, gibt der freundliche Herr leicht verlegen Auskunft. Platz genug für Gäste. Entsprechend großzügig fallen die meisten Zimmer aus, von den Suiten ganz zu schweigen. Die tiefstapelnd als „Stanza Federico Dux", als „Zimmer" bezeichnete Suite, entpuppt sich als weitläufiges Apartment mit Salon zum Burghof, einem Schlafzimmer mit Blick ins Grüne und schlichtem, aber modernem Bad. Das Castello selbst wirkt inmitten der Wälder und Wiesen Umbriens wie eine Erscheinung aus einer anderen Zeit. Dank seiner Lage auf halbem Weg zwischen Perugia und Gubbio hat das Bauwerk im Mittelalter schon Päpste und Kaiser beherbergt. Wer hier wann entlangkam, darüber weiß Signor Sagrini bestens Bescheid, schließlich hat er erst im vergangenen Jahr die Geschichte seines Castellos aufschreiben lassen. Beim Abendessen, das der Hausherr am Tisch gemeinsam mit den Gästen einnimmt, erzählt er gern von den Besonderheiten seiner Heimat, etwa vom frommen Eremiten, der nur ein paar Kilometer östlich des Castellos bei der Feldkirche San Pietro in Vigneto lebt.

144 *Loc. Petroia, (14 km südl. von Gubbio), Tel. 075-92 02 87, www.petroia.it; Jan. bis Mitte März geschl.; DZ/F ab 130 €. 5 Zimmer, 4 Suiten, alle mit Minibar, Satelliten-TV, manche auch mit Hydromassage-Wanne. 300 Hektar Land mit Wanderwegen (darunter der „Sentiero Francescano della Pace" von Gubbio nach Assisi, vom Castello jeweils 18 km, 6 Stunden Fußweg, Rückholung wird organisiert). Wald, Weiden, Pool in der Wiese, zum Burghof offene Schachspielecke, Bar. Abendessen nur für Gäste am gemeinsamen Tisch mit dem Hausherrn; 32 € inklusive Getränken.*

Zeitreise ins Mittelalter: Im wehrhaften „Castello di Petroia" speisen Gäste an der feudalen Tafel gemeinsam mit dem Burgherrn

Umbrien, ganz cool: Das Gästehaus der „Villa Metato" wirkt nur von außen rustikal. Wer hier einzieht, mietet ein Designerloft

Villa Metato

Vor dem Fenster stehen Schalensessel von Charles und Ray Eames. Beim Essen sitzt man auf Tulpenstühlen von Eero Saarinen – am dazu passenden Tisch. Das Sofa hat Dieter Rams entworfen, und in der Ecke hängt ein Originalkonzertplakat der Sex Pistols. Zehn Jahre in London haben den Geschmack von Margherita Gardella und Nick Ferrand geprägt. Beide sind leidenschaftliche Sammler von Designklassikern des 20. Jahrhunderts. Irgendwann wurde ihnen die englische Hauptstadt zu laut, zu hektisch. Sie kehrten Nicks Vaterland Großbritannien den Rücken und übersiedelten in Margheritas Heimat Italien. Im Grenzland zwischen der Toskana und Umbrien kauften sie die oberhalb von Morra gelegene „Villa Metato" und zogen mit all ihren Sammler-Schätzen ein. Das Haus neben der *casa padronale* verwandelte das Paar in ein Design-Bed & Breakfast mit verschwenderisch viel Platz. Öffnet man die Tür des Natursteinbaus, findet man sich in einem Loft wieder: Die obere Etage wird nur durch zwei offene Bögen optisch unterteilt. Schlafzimmer, Essplatz und Salon gehen ineinander über. Als „Playboy Penthouse" beschrieb ein begeisterter Besucher den Raum im Gästebuch. „Cool" und „sexy" fanden andere Gäste die Villa.

145 *Morra, Voc. Metato, Città di Castello, Tel. 075-857 41 15, www.villametato.com; Apartment (2–4 Pers.) ab 180 €; Nov. und Jan. geschl. Ein Haus über 2 Etagen, Souterrain mit volleingerichteter Küche, kleines Bad mit Waschmaschine, Terrasse mit Hollywoodschaukel. Erdgeschoss mit 65 qm großem Wohn-Schlafzimmer, TV, CD- und Videoplayer, Garten mit Liegen und Sitzgruppe. Grill und beleuchteter Bocciaplatz am Waldrand. Ringsum 5 Hektar Wald, Olivenhaine, Weinberge. Wander- und Radwege direkt ab Haus.*

Die „Villa Il Poggiale“ bietet Platz und Geschichte. Beides zur Freude der Gäste – diese schätzen die Großzügigkeit des Anwesens genauso wie die Familienerbstücke in den stilechten Zimmern

Hotel Cellai

Seiner Großmutter hat Francesco Cavallo viel zu verdanken. Hätte sie nicht in den zwanziger Jahren eine kleine Pension hinter dem *mercato centrale* geführt – ihr Enkel wäre nun sicher nicht im selben Haus Besitzer eines charmanten Boutique-Hotels. Dabei wollte Francesco ursprünglich nicht in die Fußstapfen seiner *nonna* treten, sondern lieber am Theater arbeiten. Dass daraus nichts geworden ist, kann die Gäste freuen, denn Signor Cavallo lebt seinen Hang zur gekonnten Inszenierung jetzt im eigenen Haus inmitten eines aufstrebenden Viertels aus: Spiegel schaffen Weite, auch in den weniger geräumigen Zimmern. Auf den Putz platzierte Rokokogirlanden sind effektvoll ausgeleuchtet. Ein dramatisch geraffter Vorhang trennt die Sitzecke vom Bett ab. Mal versinken die Füße im tiefen Flor eines schwarzen Teppichbodens, mal stolziert man über moderne Cottoböden, und Zimmer 414 überrascht den Gast mit gleich zwei großen Himmelbetten. Besonderer Clou bleiben die Suiten mit Blick auf die Domkuppel. Einziges Manko des Hotels: Die Zimmer zur Straße sind laut und nichts für lärmempfindliche Naturen. Dafür gibt es aber auch ein besonderes Plus: Der Chef des Hauses spricht exzellent Deutsch; das hat Signor Cavallo vor fast einem halben Jahrhundert auf der Schweizer Schule von Florenz gelernt – damals, als seine Großmutter noch die Gäste des Hauses empfing.

146 *Florenz, Via XXVII Aprile 14, 52/r, Tel. 055-48 92 91, www.hotelcellai.it; DZ/F ab 110 €. 65 Zimmer, 3 Suiten. In Fußnähe zu allen Sehenswürdigkeiten. 3 Salons, einer davon mit freiem Internetzugang. Große Dachterrasse mit Bar und Blick über die Dächer von Florenz, plus kleinem Belvedere mit Domblick. Fahrräder für Gäste, nachmittags Tee und Kaffee.*

Abends ans Feuer: Kaminzimmer im „Hotel Cellai"

Villa Il Poggiale

Vornehm erheben sich die Villen auf den Hügeln des Val di Pesa, Landgüter betuchter Patrizier aus dem nahen Florenz mit oft prominenten Baumeistern. Die Villa di Pisignano im Norden des Städtchens San Casciano hat kein Geringerer als Michelangelo entworfen. Nur eine halbe Stunde zu Fuß entfernt liegt die Renaissance-Villa „Il Poggiale" – ein Anwesen, das zum Landhotel umgebaut wurde. Die Besitzer fassten vor einigen Jahren den Entschluss, den Sitz der Familie in ein Guesthouse mit betont privater Atmosphäre umzuwandeln. Vertrauen ist hier Ehrensache: An der Bar im großen Salon bedient man sich an Wein oder Grappa und macht an entsprechender Stelle ein Kreuzchen auf dem Zettel. Die Zimmer sind so verschieden in Schnitt und Größe, wie es die baulichen Gegebenheiten des historischen Gebäudes erwarten lassen, schließlich geht die Geschichte des Anwesens bis zum Anfang des 15. Jahrhunderts zurück. Im ersten Stock sind die Decken fast fünf Meter hoch, eine Etage darüber wirken die Räume dank freigelegtem Gebälk und leichter Schräge gemütlich und angenehm heimelig. Bis auf zwei Zimmer, die jedoch immer noch knapp 20 Quadratmeter messen, sind alle Räume großzügig und mit Familienerbstücken möbliert. Jedes Zimmer hat seinen eigenen Charakter, mal verleihen Fresken an der Wand besonderen Charme, mal ein üppiges Himmelbett, mal der Blick in den Garten, in dem zwei himmelsstürmende Zypressen stehen.

147 *San Casciano Val di Pesa (2 km nördl. Richtung Cerbaia), Via Empolese 69, Tel. 055-82 83 11, www.villailpoggiale.it; Feb. geschl.; DZ/F ab 130 €, Ferienwohnung für 4 Pers., Vermietung ab 4 Tage, 300 €/Tag. 22 Zimmer und 2 Suiten. Salon mit Bar, Bibliothek mit TV und Computer. Große Terrasse auf der ersten Etage, Loggia zum Park. Pool, Garten, Wanderwege direkt ab Villa, Busverbindung nach Florenz ab San Casciano. Im Sommer leichter Lunch am Pool, April bis Ende Okt. abends gutes Restaurant im Buffetstil nur für Hausgäste; tägl. wechselndes 5-Gänge-Menü 28 €.*

Erlesene Toskana

Zum Schwelgen, Schwärmen, Studieren oder zum Verschenken: GEO SAISON präsentiert die interessantesten Neuerscheinungen, die Lust auf Urlaub im Süden machen

■ **Die Toskana in meiner Küche. Familienrezepte von Januar bis Dezember**
Tessa Kiros, Dorling Kindersley, 26,95 €
Warum sollte man sich die toskanische Küche von einer Engländerin nahebringen lassen, deren Mutter Finnin ist und deren zypriotischer Vater die Familie nach Südafrika auswandern ließ? Erstens: Weil Tessa Kiros in der Toskana lebt. Zweitens, weil ihr Ehemann ein italienischer Koch ist. Und drittens: Weil sie sich dem Thema mit großer Sorgfalt und Liebe widmet. Auf 400 Seiten finden sich nicht nur Klassiker wie *ribollita* oder *panzanella*, sondern auch Raritäten wie gratinierte Disteln oder Saubohnen-Salat.

■ **Kunst Landschaft Italien. Ein Führer zu ungewöhnlichen Orten**
Andra Lichtenstein, DVA, 39,95 €
Die Berliner Landschaftsarchitektin Andra Lichtenstein führt ihre Leser zu Künstlergärten, Skulpturenparks und Land-Art-Projekten. Ein Drittel der über 60 vorgestellten Kunst-Orte liegt in der Toskana. Viele spannende Adressen sind dabei, etwa der mit lebensgroßen Figuren bestückte Park von Kurt Laurenz Metzler südlich von Siena oder die monumentalen „Zeichen der Vergänglichkeit" von Jean-Paul Philippe in den Crete Senesi. Selbst erfahrene Toskanareisende können mit diesem Buch noch Neues entdecken.

■ **Gebrauchsanweisung für Umbrien**
Patricia Clough, Piper, 12,90 €
In der Serie aus dem Hause Piper hat jetzt auch Italiens grünes Herz seinen verdienten Platz gefunden. Mit Witz erzählt die britische Autorin – Ehefrau eines Sizilianers, vormals „Times"-Korrespondentin und nach einigen Jahren in Rom jetzt in Umbrien wohnhaft – von dieser Insel der Friedfertigkeit, auf der die Bewohner ihren ruhigen, traditionellen Lebensstil pflegen und sich dabei von den Errungenschaften der Moderne ringsum nicht stören lassen. Dass dieses gemütliche Leben die Umbrer selbst oft nicht annähernd so begeistert wie die Touristen, ist nur eines der heiteren Missverständnisse, die Patricia Clough augenzwinkernd aufklärt.

■ **Giorgio Vasari: Das Leben des Giorgione, Correggio, Palma il Vecchio und Lorenzo Lotto**
Hg. von Alessandro Nova u. a., Wagenbach, 11,90 €

■ **Giorgio Vasari: Das Leben des Piero di Cosimo, Fra Bartolomeo und Mariotto Albertinelli**
Hg. von Alessandro Nova u. a., Wagenbach, 12,90 €.
Kaum jemand schrieb Kunstgeschichte so lebhaft wie ihr Begründer Giorgio Vasari (1511–1574), der in seinen „Vite" die Leben der herausragendsten Künstler des 15. und 16. Jahrhunderts schildert. Der Wagenbach-Verlag widmet sich der längst fälligen Neuübersetzung und -kommentierung des rund 40 Bände umfassenden Werks. Vasari hat nicht nur großes Talent zur Bildbetrachtung, sondern auch Sinn für Humor. Den Florentiner Maler Piero di Cosimo etwa beschreibt er mit all seinen Marotten – der Künstler aß für sein Leben gern hartgekochte Eier, konnte Regen und Chorgesang nicht ertragen und hasste es aufzuräumen. Ein Lesegenuss, und lehrreich obendrein.

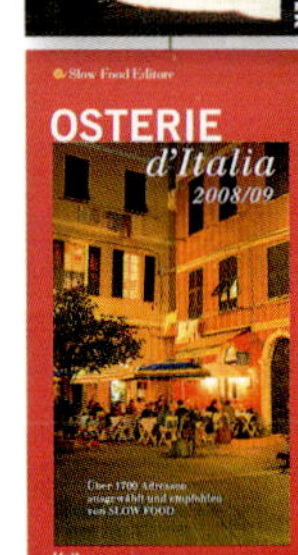

■ **Toskana. Ein kulinarischer Streifzug – die traditionellen Feste der Region**
Eva M. Salzgeber, Südwest, 14,95 €
Das gesellschaftliche Leben auf dem Land dreht sich in Italien um die *sagre*, die meist sommerlichen Dorffeste. Ob Spanferkel, frittierte Artischocke oder Saubohne – nahezu jedes Dorf widmet seine *sagra* einer kulinarischen Spezialität. Eva M. Salzgeber präsentiert die Toskana anhand dieser Feste und konzentriert sich auf Orte, an denen der große Touristenstrom bislang vorbeigezogen ist. Jede *sagra* wird mit Fotos, Rezepten und Anekdoten vorgestellt – interessant und unverkitscht.

■ **Osterie d'Italia 2008/2009**
Slow-Food Editore/ Hallwag, 29,90 €

■ **Vini d'Italia 2008**
Gambero Rosso/ Hallwag, 29,90 €
Zwei Standardwerke, die Jahr für Jahr neu aufgelegt werden und verlässlich bei der Wahl von Trattoria und Weingut beraten. Die Kritiken des Gambero Rosso haben bei Winzern und Weinkennern Gewicht. Besonderer Service bei den 1700 aufgeführten Osterien: Neueröffnungen sind markiert.

Von der Berghütte bis zum Palazzo

Die Toskana genießen – wie ginge das besser als in eigenen vier Wänden auf Zeit? Bei diesen Agenturen und Reiseveranstaltern sind Sie an der richtigen Adresse

■ **Terramar, Neckermann, Airtours, Dertour, ADAC Reisen und Thomas Cook Reisen.** Kataloge in allen Reisebüros.

■ **Cuendet, Solemar, Tuscan Enterprises, Salogi, Posarelli** Große Anbieter, die auf Ferienhäuser spezialisiert sind. Ihre Kataloge sind bei vielen der folgenden Spezialveranstalter erhältlich.

■ **Agentur Andrea Wulf.** *Thomas-Mann-Str. 35 g, 21493 Schwarzenbek, Tel. 04151-89 44 08, www.agenturwulf.de*

■ **Agenzia Immobiliare Toscana Si!** *Via del Reparto 29, I-58027 Ribolla (GR), Tel. 0039-0564-57 96 31, www.ferientoscanasi.com*

■ **Agriturismo Online.** *Via Toscana 67, I-06016 San Giustino, Perugia, Tel. 0039-075-861 96 93, www.agriturismoonline.com*

■ **Alta Maremma.** *Dorfbreite 5a, 85049 Ingolstadt, Tel. 0841-8 33 18, www.fewo-alta-maremma.com*

■ **Bella Vacanza.** *Reinhardtstr. 6, 10117 Berlin, Tel. 030-618 24 66, www.bellavacanza.de*

■ **Case in Italia.** *Landgerichtsgasse 2, 97702 Münnerstadt, Tel 09732-9 18 80, www.caseinitalia.com*

■ **Ciao Italia Reisen** *Hardt 9, 40764 Langenfeld, Tel. 02173-203 86 20, www.ciao-italia-reisen.de*

■ **Domicillio – Charming Holidays.** *Eckl Touristik GmbH, Augsburger Str. 21, 85221 Dachau, Tel. 08131-33 30 80, www.domicillio.com*

■ **Domizile Reisen.** *Ammerseestr. 18, 82131 Gauting, Tel. 089-83 30 84, www.domizile.de*

■ **E-Domizil.** *Taunusstr. 21, 60328 Frankfurt, Tel. 069-74 30 50, www.e-domizil.de*

■ **Ferien im Grünen.** *CH-9428 Walzenhausen, Tel. 0041-71-880 06 06, www.toscana-ferien.ch*

■ **Heidi Zufelde Toskana Ferienhäuser.** *Zum Dammfeld 32, 31832 Springe, Tel. 05041-97 13 80, www.heidi-zufelde.de*

■ **Heidrun Hämmerle** *Sedelhofstr. 1, 81247 München, Tel. 089-27 37 10 84, www.toskana-spezial.com*

■ **Interhome.** *Hoeschplatz 5, 52349 Düren, Tel. 02421-12 20, www.interhome.de*

■ **Italia Casale.** *Manteuffelstr. 5a, 12203 Berlin, Tel. 030-30 82 04 08, www.italia-casale.de*

■ **Italia Reisen.** *Postfach 1052, 85748 Garching, Tel. 089-329 46 80, www.italiareisen.de*

■ **Italien Auslese.** *Hemdener Weg 104 f, 46399 Bocholt, Tel. 02871-22 09 43, www.italien-auslese.de und Tel. 02871-27 49 88, www.etia-properties.com*

■ **Muto Reisen.** *Luigi Muto, Klinkertorstr. 11, 86152 Augsburg, Tel. 0039-055-950 11 33, www.muto-reisen.de*

■ **Novasol.** *Gotenstr. 11, 20097 Hamburg, Tel. 040-23 88 59 82, www.novasol.de*

■ **Reiseagentur Klos.** *Wellingsbütteler Landstr. 116, 22337 Hamburg, Tel. 040-50 04 90 73, www.reiseagentur-klos.de*

■ **Reisedienst Italien** *Eppendorfer Landstr. 76, 20249 Hamburg, Tel. 040-44 15 98, www.reisedienst-italien.de*

■ **ReNatour.** *Brunner Hauptstr. 2a, 90475 Nürnberg, Tel. 0911-89 07 04, www.renatour.de*

■ **RL-Italienurlaub.** *Langemann Ferienhäuser, Balanstr. 34, 81669 München, Tel. 089-44 45 21 33, www.rl-italienurlaub.de*

■ **Sempre Italia.** *Heideweg 3, 51588 Nümbrecht, Tel. 02293-90 25 90, www.sempre-italia.de*

■ **Siglinde Fischer Feriendomizile** *Ahornweg 10, 88454 Hochdorf, Tel. 07355-9 33 60, www.siglinde-fischer.de*

■ **Terrevitae.** *Schubertstr. 16, 79104 Freiburg, Tel. 0761-292 62 30, www.umbrientoskana.de*

■ **Terra-Antiqua Toscana** *Hildebrandtstr. 49, 85057 Ingolstadt, Tel. 0841-493 65 08, www.terra-antiqua.com*

■ **Toscana Landhäuser.** *Heidenheimer Str. 135, 89075 Ulm, Tel. 0731-96 73 30, www.toskana.de und www.italy-travel.com*

■ **Toscana Mare.** *Raitlweg 2, 83313 Siegsdorf, Tel. 08662-99 13, www.toscana-mare.de*

■ **Toscana-Reisedienst.** *Eugen-Papst-Str. 19, 81247 München, Tel. 089-854 55 21, www.toscanareisedienst.de*

■ **Touristikservice Schenk** *Stahlgruberring 36, 81829 München, Tel. 089-29 16 05 05, www.toscanaalacarte.de*

■ **Trust & Travel.** *Kaiserstr. 41/2, A-1070 Wien, Tel. 0043-1-522 43 49, www.trustandtravel.com*

■ **Urlaubsfreude.** *Zoppoter Str. 7, 14199 Berlin, Tel. 030-823 80 00, www.toscana-exclusiv.de*

■ **Vamos Eltern-Kind-Reisen** *Hindenburgstr. 27, 30175 Hannover, Tel. 0511-400 79 90, www.vamos-reisen.de*

■ **Vivere la Maremma** *Huberfeld 1, 82335 Berg, Tel. 08151-5 52 57, www.maremma-toskana.de*

Apartment oder lieber Gutshaus? Bei dem großen Angebot in der Toskana fällt die Entscheidung schwer

Italienisch für Anfänger ...

... ist längst nicht alles, was sich in der Toskana lernen lässt. Wie wär's mit Zeichnen, Segeln oder einer Ausbildung zum Opernsänger? GEO SAISON stellt die interessantesten Angebote vor

>>A

■ **Accademia Libera Natura e Cultura.** Malen, Tanzen, Gitarre spielen in Montegemoli und Querceto. *Via del Borgo 1, I-56040 Querceto, Fraz. Montecatini Val di Cecina, Tel. mobil 0039-333-640 52 50, www.association-marcopolo.org*

■ **Anna Knoll De Lorenzi** Wandern auf den Spuren der Etrusker, Touren zu Skulpturengärten und Weingütern. *Illerstr. 1, 86399 Bobingen, Tel. 08234-966 58 25, www.knolldelorenzi.com*

■ **Arci-Pasolini Centro di Lingua e Cultura Italiana** Italienisch lernen am Meer, Weinseminare, Koch-, Mal-, Tanzkurse. *Bergerstr. 173, 60385 Frankfurt, Tel. 069-77 99 69, www.italienisch-in-italien.de*

■ **Atelier Cetona.** Mal- und Zeichenkurse in der Provinz Siena. Einführung ins Buchbinden und Marmorieren von Papier. *Pfaffenweg 28, 70180 Stuttgart, Tel. 0711-640 62 54, www.ateliercetona.de*

>>B

■ **Badia a Coltibuono** Weinproben und Kochkurse auf dem renommierten Weingut im Chianti. Übernachtung in der eleganten Abtei. *I-53013 Gaiole in Chianti, Loc. Badia a Coltibuono, Tel. 0039-0577-74 48 32, www.coltibuono.com*

■ **Baumeler.** Reisen mit dem Rad oder zu Fuß, Malen in der Maremma. *Zinggentorstr. 1, CH-6002 Luzern, Tel. 0041-41-418 65 65, www.baumeler.ch*

■ **Born & Hennig Wanderreisen** Programme für individuelle Wanderungen und Gruppenreisen in der Toskana unter Leitung von Christoph Hennig, der mehrere Reiseführer über die Region verfasst hat. *Im Diepental 36, 40597 Düsseldorf, Tel. 0039-051-58 25 31, www.italienwandern.com*

>>C

■ **Centro Koinè.** Sprachkurs mit Ortswechsel: Italienisch lernen an bis zu vier Standorten, je etwa eine Woche in Florenz, Lucca, Cortona und auf Elba. Intensive Tutorkurse mit Einzelunterricht. *Via de' Pandolfini 27, I-50125 Florenz, Tel. 0039-055-21 38 81, www.koinecenter.com*

>>D

■ **Dertour.** Von der Gourmet-Tour im eigenen Auto bis zum Bauernhof-Urlaub. *Emil-von-Behring-Str. 6, 60424 Frankfurt/M., Tel. 01805-33 76 66 (0,14 €/Min. aus dem dt. Festnetz, Mobilfunkpreise können abweichen), www.dertour.de*

>>F

■ **Feinschmecker-Seminare Exquisite Küche Gertrud Liebhaber** Ein Sterne-Koch in Montalcino zeigt seine Künste, ein renommierter Weinkritiker erläutert die Weine der Maremma. *Neptunweg 9, 82205 Gilching, Tel. 08105-42 49, www.feinschmecker-seminare.de*

>>H

■ **Hauser Exkursionen.** Trekking durch Umbrien und die Südtoskana, ideal auch für Einsteiger. *Spiegelstr. 9, 81241 München, Tel. 089-235 00 60, www.hauser-exkursionen.de*

>>I

■ **Incontri Culturali.** Themenreisen zu Wein und Küche. *Franz-Joseph-Str. 41, 80801 München, Tel. 089-271 65 60, www.incontri.de*

>>K

■ **Darchini Oed Kulturtouristik.** Trüffeln suchen bei Siena, Segeln auf dem Meer. *Brandenburger Str. 1, 78467 Konstanz, Tel. 07531-92 75 76, www.kulturtouristik.de*

>>L

■ **LaMar Reisen.** Von Viareggio aus mit einem Forschungsschiff Tümmler beobachten, Ausflüge nach Lucca, Siena, Florenz. *Kaiser-Wilhelm-Str. 73, 20355 Hamburg, Tel. 040-59 45 70 64, www.lamar-reisen.de*

>>M

■ **Mediterranean Music School** Kurse in Jazz- oder Bluesgitarre mit hochkarätigen Dozenten wie Michael Sagmeister oder Frank Haunschild. *Mainzer Str. 143, 71672 Marbach, Tel. 07144-59 87, www.med-music-school.com*

■ **Musica Viva Musikferien** Klarinetten-Kurs oder Tango Argentino, gregorianischer Choral oder Mackie Messer: Musikferien in verschiedenen Landhäusern. *Kirchenpfad 6, 65388 Schlangenbad, Tel. 06129-50 25 60, www.musica-viva.de*

>>O

■ **Olimar Reisen.** Gut organisierte Motorroller- und Oldtimer-Touren, Städte-Rundreisen. *Pasteurstr. 1a, 50735 Köln, Tel. 0221-20 59 04 90, www.olimar.com*

Gut gestimmt: Workshop der Mediterranean Music School

>>R

Rotalis-Reisen per Rad In einer Woche von Siena nach Orvieto. *Georg-Wimmer-Ring 14, 85604 Zorneding, Tel. 08106-35 91 91, www.rotalis.de*

Rückenwind Reisen Einwochige Radreise von Montecatini nach Florenz. *Am Patentbusch 14, 26125 Oldenburg, Tel. 0441-48 59 70, www.rueckenwind.de*

>>S

SKR Studien-Kontakt-Reisen Kulturreisen mit Schwerpunkt auf bildender Kunst. Touren durch Siena, Lucca und Livorno. Außerdem: Sprachkurs in Florenz-Fiesole *Kurfürstenallee 5, 53177 Bonn, Tel. 0228-935 73 24, www.skr.de*

Studiosus Reisen. Studienreisen, Sprachreisen nach Siena und Florenz, Rad- und Wandertouren. *Postf. 50 06 09, 80976 München, Tel. 089-50 06 00, www.studiosus.com*

>>T

Terra Musica. Workshops für Gitarre, Saxophon, Percussion. *H. Hofmann & S. Menz, Loc. Il Doccione, I-52010 Biforco, Tel. 0039-0575-51 81 49, www.musikurlaub.com*

Toscana Photographic Workshop Fotoseminare im Kloster. Kurssprache Englisch. *Vicolo Stradellaccio 1, I-40123 Bologna, Tel. 0039-051-644 00 48, www.tpw.it*

Toscana Tours. Oliven ernten, Weine verkosten, oder die Puccini-Festspiele besuchen. *Hüttenwerkstr. 28, 66763 Dillingen, Tel. 06831-4 66 76, www.toscana-tours.de*

>>U

Università per Stranieri di Perugia. Sprachkurse von einem Monat bis zu einem Jahr. Sprachlabor, Etruskologie-Seminare, Kammermusik. *Piazza Fortebraccio 4, I-06122 Perugia, Tel. 0039-075-574 62 11, www.unistrapg.it*

>>W

Weinradel. Achttägige Radreisen durch die Toskana und Umbrien. *Weststr. 7, 52074 Aachen, Tel. 0241-87 62 62, www.weinradel.de*

Wikinger Reisen Rad- und Wandertouren, etwa durch die wenig besuchte Garfagnana. *Kölner Str. 20, 58135 Hagen, Tel. 02331 90 47 42, www.wikinger-reisen.de*

Wirkstatt. Wanderferien und Seminare zur Körperarbeit. *Steinstr. 23, 76133 Karlsruhe, Tel. 0721-37 80 75, www.wirkstatt.com*

WWOOF. Vermittlung von Freiwilligen an Öko-Höfe. Sie helfen bei Weinlese und Olivenernte gegen Kost und Logis. *B. Matthews, Via Casavecchia 109, 57022 Castagneto Carducci, www.wwoof.it*

ZU

TOS
dem

Agrit
und (
Adres
Wein:
ein b
Ricas
Avant
nen v
und v
Wand
alle B
durch
Pisa:
Turms

Die Au
ist für
beim G
861 80

Weltbe
bekann

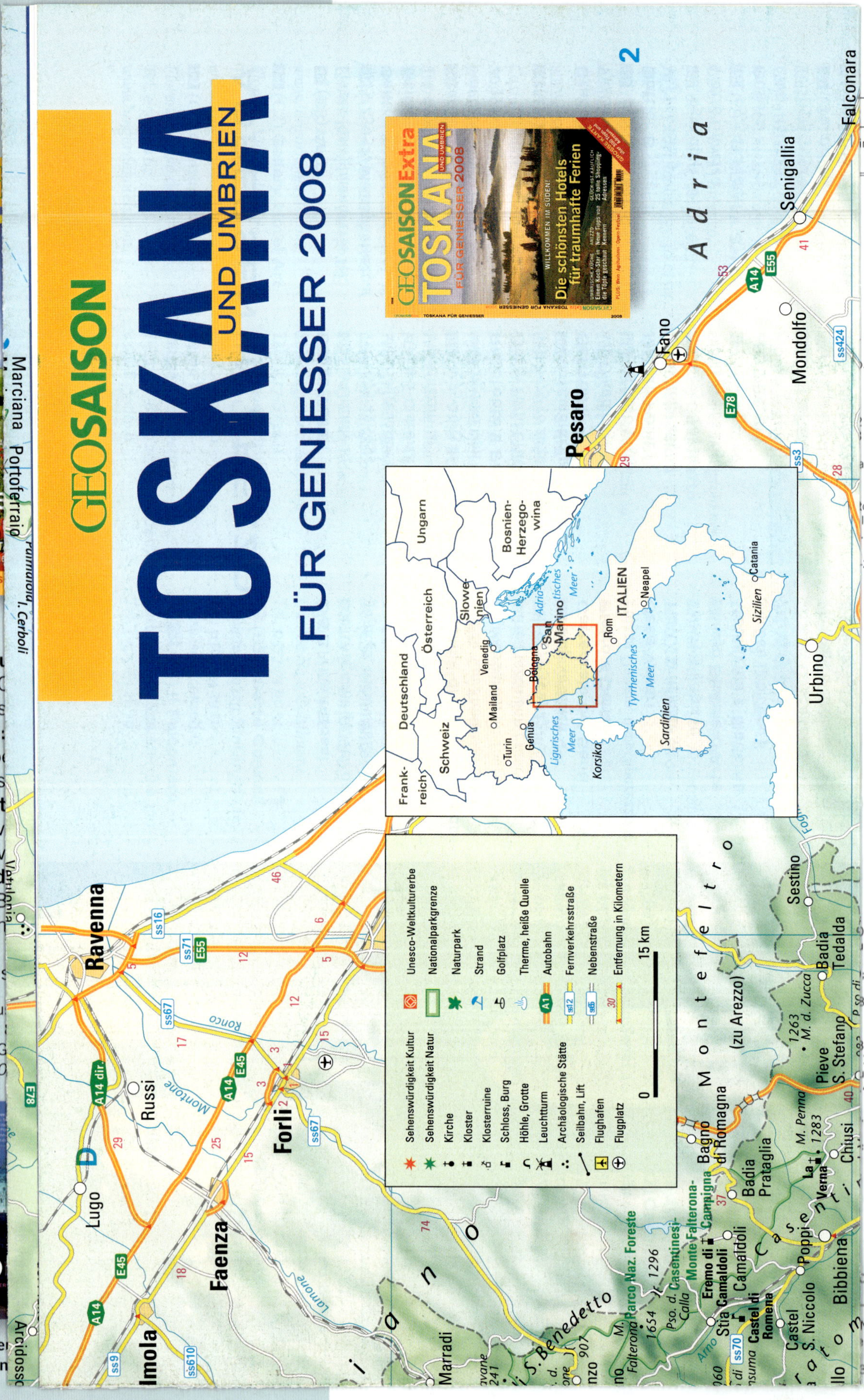

im Layout:
= unten)
und 5 l. u.;
r. o.;
o. r. u.;
amy:
to: 12 l. (2);
l. o. und u.;
-25,
99;
91
und 15);
10 und 12);
19–21);
, 22);
104
uido Cozzi/
4
, 119–120,
122 (2)
124 o. (2);
Corbis
N
, München,
30